ミーム・マシーンとしての私

スーザン・ブラックモア
リチャード・ドーキンス＝序文
垂水雄二＝訳

上

The Meme Machine

Susan Blackmore
With a Foreword by
Richard Dawkins

草思社

The Meme Machine

by

Susan Blackmore

This translation of *The Meme Machine* originally published in English in 1999 is

published by arrangement with Oxford University Press.

ミーム・マシーンとしての私（上）　目次

◆下巻　目次

序文

リチャード・ドーキンス

大学生のときのこと、私はオクスフォード大学ベーリオル学寮のランチの行列にならんで一人の友人とおしゃべりしていた。彼はだんだんとからかうような目つきで私を見るようになり、やがてこう聞いた。「君はついさっきまでピーター・ブルネットと一緒だったんじゃないか」。どうして彼がそれを知っているのか想像がつかなかったが、確かにそうだった。ピーター・ブルネットはわれわれの大好きなチューターで、私は彼の個別指導を終えてから大急ぎでやってきたのだった。「そうだと思ったよ」と友人は笑った。「君の話し方はまるで彼と同じだ。声までそっくりに聞こえるよ」。当時は崇拝し、そして今ではその不在を心から寂しく思う一人の教師から、たとえごく短期的にせよ、私は話し方のイントネーションと方法を「受け継いで」いたのだ。何年かあと、私自身がチューターになったとき、変わった癖を繰り返す一人の若い女性を教えたことがある。深く考えなければならないような質問をされると、彼女は顔をしかめて両眼をしっかり閉じ、頭を胸までガクンと落として三〇秒間ほど硬直し、それからやっと顔を上げて眼を開き、よどみなく知性をもって問いに答えるのだった。これが面白かったので、ディナーのあと、私は同僚たちを楽しませるためにその物まねをした。同僚のなかに有名なオクスフォード大学の哲学者がいた。私の物まねを見たとたん、彼はすぐさま言った。「そりゃ、ウィトゲンシュタインだ！　彼女の姓はひょっとして○○じゃないか？」。私はびっくりしながら、そうだと答えた。「そうだと思ったよ」と同僚は言った。「彼女の両親は二人とも本職の哲学者で、ウィトゲンシュタインに心酔している弟子だよ」。その身振りは、偉大な哲学者から彼女の両親あるいは片親を介して私の生徒に伝えられたのだ。その先の私の物まねはふざけてやったものだが、私は自分をこの身振りの四代めの伝達者にあげなければいけないだろうと思った。ひょっとして、ウィトゲンシュタインもそれをどこかで覚えたのかも？

　われわれが無意識のうちに他人、とくに両親、両親に準じる役割を果たしている人間、あるいは崇拝している人物を真似するという事実は、誰でもよく知っている。しかし、模倣が、人間の心やヒトの脳の爆発的な膨張の進化、さらには意識的な自己とされているものの進化をさえ説明する重大な理論の基盤になりうるというのは、本当なのだろうか。模倣がわれわれの祖先をほかのすべての生物から隔てる鍵だったということはありえるのだろうか。私は決してそう考えたことはなかったが、本書におけるスーザン・ブラックモアは、人をじりじりさせるほど強力な論証をおこなっている。

　模倣は、子供がほかのどこかの言語でもなく自分の国の言語を学ぶ手段である。それは、人々が他人の親よりも自分の親により似たしゃべり方をする理由であり、地方によって異なるアクセントがあり、長い時間のうちに異なる言語が存在するようになる理由である。それは、宗教が各世代ごとに新たに選ばれることなく家系を通じて持続する理由である。少なくともそこには、遺伝子の世代から世代への垂直的な伝達や、ウイルスにおける遺伝子の水平的な伝達と表面的な相似《アナロジー》がある。この相似が実りあるものであるかどうかという問題に予断を下さずに、もし、言葉、思想、信仰、癖、ファッションの伝達において遺伝子に相当する役割を果たしているかも知れない実体について、いやしくも語ろうと望むのであれば、それに名前があったほうがいいだろう。この言葉が造語された一九七六年以来、しだいに多くの人々がこの遺伝子の相似物に対して「ミーム」という名前を受け入れるようになってきた。

『オクスフォード大英語辞典（ＯＥＤ）』の編纂者は、新しい単語を収録して公認すべきかどうかの判断に、一つの賢明な規準を用いる。収録の可能性がある単語は、定義する必要なしに、また使うたびに新造語であると限定することなしに、ふつうに使えるものでなければならない。超《メタ》ミーム的な疑問を発すれば、「ミーム（meme）」というミームはどれほど普及しているのだろうか。理想的というにはほど遠いが、ミーム・プールの実例を知る簡単で便利な方法として、ワールド・ワイド・ウェブ（ＷＷＷ）の非常に簡単な検索が利用できる。私はこの原稿を書いているちょうどその日にウェブのクイック検索をおこなったが、それはたまたま一九九八年八月二十九日のことだった。「ミーム」はおよそ五〇万件言及されていたが、これは途方もなく高い数字で、明らかにさまざまな略語およびフランス語の meme（同じという意味）が混入していた。しかし形容詞形の「ミーム的（memetic）」はまぎれもなく、この言葉だけを指しており、五〇四二回の言及がカウントされた。この数字を正しく把握するために、他のいくつかの最近造語された単語や流行語と比較してみた。spin doctor（報道対策のアドバイザー）一四一二回、dumbing down（レベルを落としてやさしくする）三九〇五回、docudrama（ドキュメンタリードラマ）二八四八回、sociobiology（社会生物学）六六七九回、catastrophe theory（カタストロフィー理論）一四七二回、edge of chaos（カオスの縁）二六七三回、wannabee（熱狂的に何かになりたがっている人）二六五〇回、zippergate（クリントン大統領の下半身スキャンダルをウォーターゲート事件からのもじりでつくった言葉）一七五二回、studmuffin（かっこいい男）七七六回、postostructural（ポスト構造主義的）五七七回、extended phenotype（延長された表現型）五一五回、exaptation（外適応。グールドらが提唱した概念で、別の目的で進化した形質が新たな機能をもつようになること）三〇七回であった。memetic に言及した五〇四二回のうち、九〇％以上がこの言葉の起源について何も触れておらず、この単語が実際に『オクスフォード大英語辞典』の規準に適うことを示唆している。そして、スーザン・ブラックモアが教えてくれたことだが、現在の『オクスフォード大英語辞典』は以下のような定義を収録している。

ミーム　非遺伝的な手段、とくに模倣によって伝えわたされると考えられる文化の一要素

さらにインターネットを検索してみると、あるニューズグループ［分野別情報提示サービス］に alt.memetics というチャット・ルームがあり、この半年間におよそ一万二〇〇〇件のメールを受信していた。さらにオンライン記事もあり、たくさんあるなかで、「The New Meme」「Meme Counter-meme」「Memetics: a Systems Metabiology」「Memes, and Grinning Idiot Press」「Memes, Metamemes and Politics」「Cryonics, religions and memes」「Selfish Memes and the evolution of cooperation」「Running down the Meme」をあげておこう。「Memetics」「Memes」「The C Memetic Nexus」「Meme theorists on the Web」「Meme of the week」「Meme Central」「Arkuat's Meme workshop」「Some pointers and a short introduction to memetics」「Memetics Index」「Meme Gardening Page」など、個別のウェブ・ページもある。さらには、「ウイルスの教会」と呼ばれる新宗教（からかい半分だと、私は

思う）さえあり、そこには罪と美徳についての独自のリストと独自の守護聖人（聖チャールズ・ダーウィンで、「おそらく近代におけるもっとも影響力のあるミーム的な達人」として聖者に列せられている）まで揃っていて、私は「聖ドーキンス」への言及を偶然に発見してびっくりさせられた。

スーザン・ブラックモアの本より先に、ミームだけを主題とした二冊の本があり、両者ともそれぞれ違ったやり方ですぐれている。それはリチャード・ブロディの『心のウイルス：新しいミームの科学』（邦訳は『ミーム――心を操るウイルス』、講談社刊）とアーロン・リンチの『思想の伝染：いかにして信仰は社会にひろまるか』である。なににもましてもっとも意義深いのは、偉大な哲学者ダニエル・デネットがミームという観念を採用し、その二冊の重要な本『解明される意識』（邦訳は青土社刊）と『ダーウィンの危険な思想』で展開されているように、それを彼の心の理論の構築に際して礎石としたことである。

ミームは世代から世代へ垂直方向へ移動するが、伝染病におけるウイルスのように水平方向へも移動する。実際に、「memetic」「docudrama」「studmuffin」などの単語の拡まりをインターネット上で計測しているとき、われわれが研究しているのはもっぱら水平的な疫学なのである。学校の生徒たちのあいだでの流行はとりわけすっきりした実例を提供してくれる。私が九歳ごろのこと、父は四角い紙を折りたたんで折り紙の中国のジャンク（宝船）をつくることを教えてくれた。それは人工的な発生学とでも呼べるような驚くべき離れ業だった。二つの船体をもつカタマラン船（二艘船）、扉つきの食器棚、額縁のなかの絵というはっきり異なる一連の中間段階を経て、最後にジャンクそのものが姿を現すのだが、それは完全に海に浮かぶ、少なくともバスタブには浮かぶもので、深い船倉とそれぞれに大きな横帆を立てた二つの平らな甲板を完備していた。この話の要点は、私が学校に戻って友達にこの技を伝染させ、その後はしかとほとんど同じようなスピードと疫学的時間経過で、学校中に拡まったことである。この伝染病がひきつづいてよその学校に飛び火したかどうかは知らない（寄宿学校はミーム・プールのなかでいくぶん孤立した澱みである）。しかし、父親自身がもともと二五年前に同じ学校でほとんど同じような流行期間中にジャンク・ミームを拾い上げたのだということは知っている。以前のウイルスは学校の寮母が送り出したものだった。年老いた寮母が退任してからずっとあとになって、彼女のミームを私が新たな一団の幼い少年たちに再導入したというわけだ。

中国のジャンクから離れる前に、もう一つ別のことを立証するためにこれを使わせてもらいたい。ミーム／遺伝子のアナロジーに対するみなさんがお気に入りの異論は、ミームはかりに存在するとしても、伝達の際の忠実度［情報伝達の際の正確さ］があまりにも低すぎて、あらゆる現実的なダーウィン主義的自然淘汰の過程において働いている遺伝子と同じような役割を演じることはできないというものである。高い忠実度の遺伝子と低い忠実度のミームのあいだの差異は、遺伝子がデジタルでミームはそうではないという事実から来ていると思われる。ウィトゲンシュタインの真似をした両親のそのまた真似である私の生徒を私が真似したとき、ウィトゲンシュタインの癖の細部が忠実に再現されたというのにはほど遠いものだったことは確かだ。チック（痙攣的なまばたき）の形やタイミングが、子供の伝言ゲーム（イギリスではChinese whispers、アメリカではtelephoneと呼ぶ）におけるように、世代を超えるにつれて変異していったことはまちがいない。

子供たちを一列に並ばせると仮定する。たとえば、一枚のジャンクの絵が最初の子供に示され、その子はその絵を描くように求められる。もとの絵とは違うこの絵が、二番めの子供に示され、この子もまた自分で絵を描くよう求められる。二番めの子供の絵が三番めの子供に示され、その子がまた絵を描く。そしてこの一連の手順が二〇番めの子供まで続けられ、この最後の絵は全員に示され、最初のものと比較される。実際に実験をしなくとも、どのような結果になるかはわかる。二〇番めの絵は同じものとは見分けられないほど最初の絵とは似ていない。おそらく、それらの絵を順番に並べると、一つ一つの絵とそのすぐ前およびすぐ後ろの絵とのあいだの類似性に気づくだろう。しかしその突然変異率はきわめて高く、二~三世代後にはあらゆる類似性は破壊されてしまうだろう。並べた絵の一方の端からもう一方の端まで歩いていくと、一つの趨勢が見てとれ、その趨勢の行き着く方向は退化であろう。進化遺伝学ではずっと以前から、突然変異率が低くなければ自然淘汰は機能しないことが理解されてきた。実際、忠実度の壁の克服という最初の問題は『種の起原』のキャッチ22［絶対的に勝ちめのない状況。米国の作家ジョゼフ・ヘラーの小説のタイトルに由来］であると言われてきた。ダーウィン主義は忠実度の高い遺伝子複製に依存しているのである。とすれば、忠実度を悲惨なほどに欠いているように見えるミームが、いかなる擬似ダーウィン的な過程においていかにして擬似遺伝子として役立ちうるのだろうか。

それはあなたが考えるほどつねに悲惨なわけではないし、またスーザン・ブラックモアも強く主張しているように、高い忠実度はかならずしもデジタルと同義ではない。もう一度中国のジャンクを用いた伝言ゲームをはじめると仮定していただきたい。しかし今度は決定的な違いが一つある。最初の子供にジャンクの絵を写すように求める代わりに、彼女にお手本を見せることで、折り紙のジャンクのつくり方を教えるのだ。彼女がこの技を覚えて自分のジャンクをつくったときに、この最初の子供は二番めの子供の方に向きを変えて、その子につくり方を教えなければならない。こうして、この技が一列に並んだ二〇人の子供に伝えられていく。この実験の結果はどうなるだろう。二〇番めの子供は何をつくり、もし地面に二〇個の労作を順に並べたらそこに何が見られるだろうか。私はこの実験をしたことはないが、異なる二〇人の子供のグループで何回もこの実験をおこなうと仮定して、私は確信をもって以下のように予想するだろう。何回かの実験では、列のどこかで一人の子供が、前の子供が教えてくれた技のどこか決定的なステップを忘れて、この表現型の系列は不意の大突然変異に悩まされることになるだろう。そしてこの大突然変異はたぶん列の最後までか、さもなくば別の誤りが起こるまで、写しとられていくだろう。このような突然変異の起こった列では、中国のジャンクとの類似性はまったく保たれないだろう。しかし、かなりの数の実験で、この技は列の終わりまで正しく伝授されていき、二〇番めのジャンクは平均すれば、最初のジャンクと比べて良くも悪くもないだろう。そこでもし二〇個のジャンクを順に並べてみると、あるものはほかのよりずっと完璧であるかもしれないが、不完全さが列の後ろに向かって写しとられていくことはない。もし五番めの子供が不器用で、不細工で左右対称でなかったり、へなへなのジャンクをつくったとしても、六番めの子供がたまたまもっと器用であればこの量的な誤りは修正されるだろう。二〇個のジャンクは、最初の実験の二〇枚の絵がまちがいなく示すと思われるような形での、漸進的な劣化を示すことはないだろう。

なぜなのか？　二種類の実験の決定的な違いは何なのだろう？　それは、絵を描く実験における継承がラマルク主義的である（ブラックモアはそれを「産物のコピー」と呼んでいる）のに対して、折り紙実験ではワイスマン主義的（ブラックモアのいう「指示のコピー」）であるという点だ。絵を描く実験では、各世代の表現型は遺伝子型――次の世代に伝えられるもの――でもある。折り紙実験では、次世代に伝えられるものは紙の表現型ではなく、それをつくるための一連の指示である。指示の実行が不完全であれば不完全なジャンク（表現型）という結果に終わるが、それは以後の世代に伝えられていくことはない。それら［できあがったジャンク］は非ミーム的なのである。中国のジャンクをつくるためのワイスマン主義的ミームの指示系列における最初の五つの指示をここに掲げておく。

1　正方形の紙の四隅を正確に中心点に向けて折りたたむ。
2　できた小さめの正方形の一辺が中心にくるように折りたたむ。
3　反対側の一辺も中心に向けて左右対称に折りたたむ。
4　同じようにして、できた長方形の両側辺が中心で合わさるように折りたたむ。
5　できた小さな正方形を、両側辺の合わせめの直線にそって裏向けに折り返す。

……等々、二〇ないし三〇のこのたぐいの指示が続く。こういった指示は、私としてはデジタルと呼びたくはないが、潜在的には、まるでデジタルであるかのように非常に忠実度の高いものである。これは、それらの指示が「正方形の紙の四隅を正確に中心点に向けて折りたたむ」というように理想化された課題に言及しているからである。もし紙が正確に正方形でなければ、あるいは子供が不器用な折り方をして、たとえば最初の隅が中心を越えて、四番めの隅が中心に届かなかったりすると、できあがったジャンクは不格好なものになるだろう。しかし、次の順番の子供はまちがいをそっくりまねることはないだろう。なぜなら、その子は指示を出した人が、四つの隅すべてを完全な正方形の正確な中心に折りたたむことを意図していたと思うだろうからである。これらの指示は自己正常化できる。この規則《コード》はエラー修正ができるのである。プラトンなら大喜びするだろう。つまり、列を伝えられていくのはジャンクの理想《イデア》的なエッセンスであり、現実のジャンクはどれもこの理想の不完全な近似なのである。

　この指示は、もしことばを添えて補強すればより効率よく伝わっていくが、しかしお手本を示してみせるだけでも伝達することができる。お互いに相手の言語を一語も解さなくとも、日本人の子供がイギリス人の子供に教えることができる。同じようにして、日本の大工の親方は同じように自国語しかわからないイギリス人の見習い大工にその技を伝えることができる。見習い大工は明らかな誤りは真似ないだろう。もし親方がかなづちで親指を叩いたら、たとえ日本語ののしりことば『クソッタレ！』を理解しなくとも、親方が釘を打とうとしていたことを正しく推測するだろう。彼はかなづちが打ち下ろされるたびにその詳細をラマルク主義的に写しとる《コピー》ことはせず、代わりに、推論されたワイスマン主義的指示を写しとることだろう。親方が自分のかなづちで達成した理想化された最終目的、すなわち、釘の頭を材と同じ平面にまで沈めるという目的を自分の腕が達成できるまで何度もかなづちを打ちおろすという指示である。

　このような考察によって、ミームは遺伝子に比べて不十分な忠実度でしか複製《コピー》されないという異論を大幅に退け、あるいはたぶんすっかりとりのぞいてくれるものと私は信じる。私にとっては、言語、宗教、伝統的習俗の擬似遺伝的な継承も、同じ教訓を与えてくれる。第一の異論と同じくスーザン・ブラックモアの「ミームにまつわる三つの問題」についての啓発的な章で論じられているもう一つの異論は、ミームは何からできており、どこに所在するかがわかっていないということである。ミームはまだ自分たちのワトソンとクリックを見いだしていないし、メンデルさえいないのだ。遺伝子は染色体上の正確な位置が見つけられるのに対して、ミームはたぶん脳のなかに存在し、遺伝子を見るチャンスよりもミームを見るチャンスは少なかった（もっとも、ブラックモアが参照している論文において、神経生物学者ジュアン・デリウスはミームがどのように見えるかという想像図を描いている）。遺伝子と同じように、われわれは表現型によってミームが集団間をどう通り抜けていったかを跡づける。中国のジャンクというミームの「表現型」は紙でできている。ビーバーのダムやトビケラの幼虫の筒巣のような「延長された表現型」は例外として、遺伝子の表現型は通常生物体の一部であるが、ミームの表現型ではめったにそういうことはない。

けれども、まれに起こりうるのである。ふたたび私の学校に戻れば、朝の冷水浴の儀式のさいちゅうにこの学校を訪れた火星人遺伝学者は、ためらうことなく、「明白な」遺伝的多型現象であると判定しただろう。男子のうちの約五〇％は割礼を施されており五〇％はそうでない。少年たちはたまたまこの多型現象を強く意識しており、われわれは自分たちを円頂党派（Roundheads）と王党派（Cavaliers）に分類していた（最近私は、別の学校で同じ系列にそって二つのサッカー・チームさえ組織されていたことを本で読んだ）。もちろんそれは遺伝的ではなく、ミーム的な多型現象である。しかしこの火星人のまちがいは完全に理解できる。遺伝子の産物である場合に通常予測されるのとまったく同じ種類の形態学的な不連続性だからである。

当時のイギリスでは、幼児の割礼は医学の気まぐれで、私の学校における円頂党派と王党派の多型現象はおそらく、垂直的な伝達によるよりも、たまたま私が生まれた土地のさまざまな病院における方式の違いによるところが大きいと思われる――またしても、水平的なミーム的伝達である。しかし、歴史のほとんどの時代を通じて、割礼は宗教の記章《バッジ》として（両親のであることを大急ぎで指摘しておく。不運な子供にとって、ふつう自分自身の宗教的な精神を知るにはあまりにも幼すぎる）垂直的に伝達されてきた。割礼が宗教的もしくは伝統的な基盤に基づくものである場合（女性の割礼という原始的な習慣はつねにそうである）、その伝達は、遺伝的な伝達のパターンと非常によく似た垂直的な継承のパターンに従い、しばしば何世代にもわたって持続する。わが火星人遺伝学者は性器の先が丸い（roundhead）表現型の生成にいかなる遺伝子も関与していないことを発見するまでに、まさに必死になって研究しなければならないだろう。

火星人遺伝学者はまた、ある種の服装や髪型のスタイルと、その継承パターンを熟考したときにも目玉が飛び出すだろう（最初から彼らの目玉が飛び出していないと仮定して）。黒い頭蓋帽という表現型は父から子への（あるいは母方の祖父から孫へであるかもしれない）垂直的な伝達に向かう著しい傾向を示しており、弁髪に編みもみあげを長く伸ばすという表現型［いずれもユダヤ教徒の特徴］との明らかな連鎖がある。十字架の前でひざまずいたり［キリスト教徒］、一日に五回、東に向かってひざまずくといった行動に関する表現型［イスラム教徒］も垂直的に継承されるが、お互いどうしおよび前述の表現型と強い負の連鎖不平衡の状態にあり、これは額に赤い点を描く表現型［ヒンドゥー教徒］や、濃黄色の法衣をつけ頭を剃る連鎖グループ［仏教徒］でも同じである。

遺伝子は正確に複製《コピー》されて体から体へ伝達されるが、ある遺伝子は他の遺伝子よりも高い頻度で伝達される。これは定義上、より成功する遺伝子である。これが自然淘汰であり、生命に関して興味深く注目すべき事柄のほとんどについての説明である。しかし、ミームに基盤をもつ同じような自然淘汰は存在するのだろうか？　おそらく、ミーム間の自然淘汰を調査するのにまたしてもインターネットが使えるだろう。たまたま「ミーム」という用語が作られた時期の前後に（実際には少しあとに）、これと競合する同義語「culturgen（文化遺伝子）」が提唱された。今日では、ワールド・ワイド・ウェブで memetic の方が五〇四二件言及されているのに比較して、culturgen は二〇回である。さらに、その二〇件のうち一七件が語源についても触れているが、これは『オクスフォード大英語辞典』の規準に抵触する。おそらくこの二つのミーム（あるいはculturgen）のあいだのダーウィン主義的闘争を想像するのはそれほど空想的ではないだろうし、また、そのうちの一方がなぜそれほど成功したかを問うのはまるっきり馬鹿げているというわけではない。それはたぶん、ミームがgene（遺伝子）と同じように一音節であり、したがって遺伝子に準じた派生合成語がつくりやすいからであろう。meme pool（ミーム・プール、三五二）、memotype（ミーム型、五八）、memeticist（ミーム学者、一六三）、memeoidまたはmemoid（ミモイド、二八）、retromeme（レトロミーム、一四）popula-tion memetics（集団ミーム学、四一）、meme complex（ミーム複合体、四九四）memetic engineer-ing（ミーム工学、三〇二）、metameme（メタミーム、七一）がすべて、http://www.lucifer.com/vi-rus/memlex.html # MWMEの「Memetic Lexicon」のリストに載せられている（かっこ内の数字は私がサンプルをとった日のウェブ上の言及回数）。culturgenをもとに同様の造語をすれば意味はもっと明瞭になるかも知れないが、おぼえにくい。あるいはculturgenに対するミームの成功が元来は非ダーウィン主義的な偶然の出来事――memetic drift（ミーム的浮動、八五）――であったが、そのあとで自ら強化していく正のフィードバック効果（「持っている人は与えられていよいよ豊かになるが、持っていない人は持っているものまで取り上げられるであろう」、『マタイによる福音書』、二五章二九）が働いたのかもしれない。

私はミームに対する二つのよく好まれる異論、すなわちミームのコピーは不完全な忠実性しかもたず、ミームが物理的にいかなるものであるかを本当のところ誰も知らないという異論について述べてきた。三つめは、どれくらい大きな単位なら「ミーム」という名に値するのかというよく発せられる疑問である。ローマカトリック教会全体が一つのミームなのか、それとも、カトリックにおけるインセンス［儀式で燃やされた犠牲の煙と匂い］や化体［聖体のパンとぶどう酒がキリストの肉と血に変えられること］の観念といった一つの構成単位に対してこの言葉を使うべきなのだろうか？ あるいはその中間の大きさものについて？ スーザン・ブラックモアはそういった問いに対してしかるべき注意を払うが、彼女は正当にももっと建設的なアプローチに専念し、「memeplex（ミーム複合体）」――正式の言い方は「coadpted meme complex（相互適応したミーム複合体）」であるが、彼女はこちらの略語の方を好む――という言葉の積極的な説明の威力を引きだした。そして彼女のこの本によってそのうち両者の数字的な運命（現在では memeplex が二〇で coadpted meme complex が四九四）のダーウィン主義的逆転が起きないとすれば、私は驚くだろう。

ミームは、遺伝子と同じように、ミーム・プールのなかで他のミームを背景にして淘汰される。その結果、相互に仲良くやっていけるミームの仲間――相互適応したミーム複合体またはミーム複合体――が個人の脳のなかに共存していることが発見される。これは淘汰がそれらを一つのグループとして選択するからではなく、そのグループの個別のメンバーにとって、他のメンバーによって環境が支配されているときに有利になるという傾向があるからなのだ。まったく同じ指摘を遺伝的な淘汰についてもおこなうことができる。一つの遺伝子プールに属するすべての遺伝子は、他の遺伝子が自然淘汰される際の環境的な背景の一部を構成している。それゆえ、そのように高度の統合をとげ一体化された生物体という機械をつくりあげるために「協力する」遺伝子を自然淘汰が選り好みしたとしても驚くにあたらない。生物学者は、この論理が白日のごとく明解だとみなす人々と、まったくそのことを理解しない人々（なかには非常に高名な人もいる）とにきっぱり二分される。後者の人々は無邪気にも、遺伝子の明白な協調性と生物体の単一性を、あたかも進化の「利己的遺伝子」説にとってともかくも不利なものであるかのごとく得々として持ち出す。スーザン・ブラックモアはそれを理解しているだけでなく、事態を並はずれた明晰さでもって説明し、さらに一歩進んで、その教訓を同じ明晰さと威力をもってミームにあてはめる。相互適応した遺伝子複合とのアナロジーによって、お互いどうしの背景から淘汰を受けるミームは、相互に支援しあうミーム複合体――ミーム複合体の内部では支援するが競合するミーム複合体には敵対する――において「協力する」。宗教はミーム複合体のもっとも説得力のある実例であるかもしれないが、もちろんそれ一つだけというわけではない。スーザン・ブラックモアの論じ方は、相変わらず刺激的かつ啓発的である。

私は、ミームと遺伝子のアナロジーが説得力のあるものであり、それに対する明白な異論には満足のいく解答ができるという十分な弁論がなされていると信じる。しかし、このアナロジーは有効な仕事を果たしうるのだろうか？　それは、何か重要なことを実際に説明するような新しい強力な理論を導くことができるだろうか？　これこそスーザン・ブラックモアが本当の意味で真価を発揮する場所である。彼女はまずいくつかの魅惑的な短い描写でミーム学的な推論のスタイルに慣れさせることで、われわれに準備運動をさせてくれる。なぜわれわれはそんなにおしゃべりするのだろうか？　なぜわれわれは考えることを止められないのか？　なぜ馬鹿げた音楽が頭のまわりをブンブン飛びまわり、不眠症に悩まされるのだろう？　どの場合にも彼女は、同じやり方で応じはじめる。「脳に満ちあふれた世界を想像してもらいたい。そこには、すみかをなんとか見つけることができるよりもはるかに多くのミームがあるとする。どのようなミームが安全なすみかを見つけて、次に伝えわたされていく可能性が高いだろうか？」。答えはただちに返ってきて、自身についてのわれわれの理解は豊かになる。彼女は同じ方法をより深くより厄介な問題に応用する根気と技術をもって先へ進む。言語は何のためにあるのか？　何がわれわれを配偶者に引き寄せるのだろう？　なぜわれわれはお互いに対してそんなに親切なのだろう？　ミームが、急速で、大がかりで、特別な人類の脳の進化的拡大を突き動かしたのか？　その途中で、心理学者であり超常現象（迷信と臨死体験）の懐疑的な調査者であったという学問的な経歴から、彼女が特別な専門知識をもっている特異な領域にミーム理論がいかにして光を投じることができるかを示す。

最後に、私がそうありたいと熱望してきたよりもさらに大きな勇気と知的厚顔を示して、彼女はすべてのなかでもっとも深遠な問いへの勇猛な——どうか読み終わるまでは無謀とは考えないでもらいたい——攻撃に向けてミームの戦力を展開させる。それは、自己とは何か？　私とは何か？　私はどこにいるのか？（これらは、ダニエル・デネットがあらゆるミーム理論家の哲学上の師となるずっと以前に提出した有名な問い）である。

ときおり、私はミームから手を引いたといって非難される。情熱を失い、弱腰になり、考え直しているというのだ。真相は、ブラックモア博士もたぶん含まれる一部のミーム学者が望んでいたものよりも、私の最初の考えが穏健だったということにすぎない。私にとって、ミームの最初の使命は消極的なものであった。この言葉は、それがなければ、利己的遺伝子を称揚することに全面的に捧げられているように思われたに違いない一冊の書物の終わりに導入されたものである。そこでは、利己的遺伝子は、進化のもっとも重要な要素、淘汰の基本的単位、そして、あらゆる適応が利益を与えると言える生命の階層秩序のなかの実体とされていた。そのメッセージはＤＮＡ分子という意味での遺伝子についてのものでなければならないと読者に誤解される危険があった。そうではなく、ＤＮＡの方が付随的だった。自然淘汰の真の単位は、あらゆる種類の自己複製子、コピーをつくれるようなあらゆる単位で、まれにまちがいを生じ、自らの複製の確率に及ぼす何らかの影響ないし力をもつものであった。ネオダーウィン主義者がこの地球上における進化の原動力と見定めた遺伝的な自然淘汰は、私が「普遍的ダーウィン主義」と呼ぶにいたったより一般的な過程の一特殊事例にすぎない。何かほかの実例を発見するためには、たぶん他の惑星まで行かねばならなかったことだろう。しかし、たぶんわれわれは、そんなに遠くまで行く必要はなかった。新しい種類のダーウィン流自己複製子が今まさに目の前にぶらさがっているということはないだろうか？

ここでミームがかかわってきた。したがって私は、もしミームが読者に、遺伝子が特殊事例にすぎず、普遍的ダーウィン主義の脚本におけるその役割は自己複製子の定義に従う宇宙のいかなる実体によっても果たしうることをひたすら納得させるという仕事をやってくれれば、満足できたのだった。ミームのもともとの教育的な目的は、利己的遺伝子の威光を減じるという消極的なものだった。ミームを人類文化それ自体の理論としてより積極的に受けとる――それを批判するためか（私のもともとの穏健な意図からすれば、公平を欠く批判だ）、もしくは私がそのとき正当化できると考えていた限界をはるかに超えたところまで持ち出すために――読者の数の多さに、私はいささか驚くようになった。これこそが、私がミームから手を引いてしまったように見える理由である。

しかし私は、ミームがいつの日か人間の心についての適切な仮説へと発展させられるかもしれないという可能性をつねに心から閉め出してはいなかったし、そのような主題《テーゼ》がどれほど野心的なものになるかもわかっていなかった。どんな理論も最善の努力を受けるに値するが、スーザン・ブラックモアがミームの理論に与えたものこそ、まさにそれだった。この試みにおいて彼女があまりにも野心的すぎると判断されるかどうか私にはわからないが、もし私が彼女の闘争家としての恐るべき資質を知らなければ、彼女のことを心配さえしただろう。彼女は強者《つわもの》であり、非情でもあるが、同時に彼女の文体は軽やかで魅力的である。彼女の主題はわれわれのもっともだいじにしている個人のアイデンティティと個性という幻想《イリュージョン》（彼女はそう見るだろう）を突き崩すが、それでもなお、読者が知りたいと願う種類の一個の人格という印象を彼女は与える。一読者として、私はミーム工学という困難な任務に投入した彼女の勇気、献身、手腕に感謝し、彼女の本を推薦することをうれしく思う。

訳者による用語解説

原著者はおそらく本書の読者が少なくともドーキンスの『利己的な遺伝子』を読んでいることを前提にしていると思われ、かなり専門的な用語がとくに解説なしに使われている。もちろん、重要なキーワードについては本文を読み進めば詳しく説明されているので、あらためて訳者が解説を付け加えるのは蛇足の感もなきにしもあらずだが、専門的な用語がいきなりでてくることで、読者が読み進めるうえでの障害になるのを避けるために、簡単な解説をしておきたい。ここでは筆者のミーム論の中心にある社会（進化）生物学的な概念や用語、および遺伝学の用語をもとに造語されたミーム学用語のみに絞って、本書の文脈に沿う形でごくおおまかに解説し、ここで触れた以外の用語については本文中で［　］に入れて解説した。

＊＊

ダーウィン主義はダーウィニズムとも訳され、ダーウィンが『種の起原』で述べた進化論をいう。その大枠は、生物は実際に生存できる以上の子供をつくるため生存をめぐる闘争がおきる。一方、生物個体のあいだには変異があるので、より環境に適した性質をもつ個体が生存闘争を勝ち抜いて子孫を残す。これが**自然淘汰**（自然選択とも訳される）と呼ばれるメカニズムで、これによってすべての生物が進化したと考える。

ダーウィンの時代にはまだ遺伝の実体がわかっていなかったので、どのようにして個体間の変異が生じ、それが子孫に伝えられるかという点では曖昧な部分が多かった。そのため、**獲得形質**、つまり生きているあいだに訓練や学習によって獲得した性質（形質）が子供に伝わるかどうかをめぐって論争が起きた。用不用説という形で獲得形質の遺伝を認める**ラマルク主義**とそれを否定し、親の形質は生殖細胞のみを通じて遺伝すると主張した**ワイスマン主義**の対立がそれで、遺伝学の確立によって古典的な意味の獲得形質の遺伝は現在では否定されている。しかし、現在でもさまざまな理由から獲得形質の遺伝が主張されることがあり、それらの主張を**ネオラマルク主義**と総称する。一部の古生物学者が主張する**定向進化説**、すなわち形質の変化は何らかの内部的な要因によって一定の方向に向かって進化するという考え方などもその一つである。

ネオダーウィン主義は一九〇〇年のメンデルの遺伝法則の再発見以降の遺伝学の発展を受けて、ダーウィン主義をより現代的な形で言い換えたもの。ダーウィン主義との主要な違いは(1)個体の変異を引き起こす主要な要因が遺伝子の突然変異であるとみなし、(2)自然淘汰が個体どうしの直接の生存競争によってではなく、遺伝子がもたらす生存上の有利・不利によって子孫に伝えられる遺伝子の頻度が変わっていくことによるとする点にある。なお、環境が生物個体に及ぼす自然淘汰の方向性と強さを**淘汰圧**と呼ぶ。

遺伝子の本体は**DNA**（デオキシリボ核酸）であり、高等生物では細胞核内にあり、分裂時には染色体という形で観察される。DNAの遺伝情報は核酸を構成する四つの塩基の配列を暗号にして蓄えられており、この情報はふつう**RNA**（リボ核酸）を介してタンパク質（アミノ酸）へと伝達される。この一方的な情報の流れを**セントラル・ドグマ**と呼ぶが、近年RNAからDNAをつくる逆転写酵素の発見など、このドグマに合わない現象も発見されている。

それぞれの生物はきまった数の**染色体**をもち、各染色体には多数の遺伝子が定められた位置に並んでいる。高等生物のふつうの細胞は**二倍体**の染色体をもつ。つまり、よく似た形をした染色体（相同染色体）が二本ずつ対になっているのである。ただし、性の決定にかかわる性染色体は例外で、ヒトのX染色体とY染色体のように形が似ていないものが対になる。受精は雌雄の生殖細胞（卵と精子）の合体によって起こるが、生殖細胞では減数分裂によって染色体の数が半分になっていて、相同染色体は一本ずつ、性染色体はどちらか一方しかもたない。これを**半数体**または単数体と呼ぶ。**ゲノム**は生物がもつ遺伝的情報の全セットのことで、単数体の染色体がもつ全遺伝子情報にあたる。

生物の遺伝子構成の違いを**遺伝子型**と呼び、その遺伝子のはたらきによって環境の影響のもとで個体の形質として現れるのが**表現型**である。一つの形質の発現には相同染色体の同じ位置（遺伝子座）を占める複数の遺伝子（対立遺伝子）がかかわり、それらの遺伝子間には発現能力に差があるため（劣性と優性など）、遺伝子型が異なっても表現型が変わらない場合もある。たとえば血液型でいわゆるA型、B型、O型というのは表現型であり、同じA型でも遺伝子型ではAAとAOがありうる。

遺伝子プールは遺伝子給源とも訳されるもので、同一種の繁殖上のまとまりをもつ集団に含まれるすべての個体がもつ遺伝子の総体をいう。日本人の遺伝子プールは日本人のもつさまざまな遺伝子の総和であり、ヒトの遺伝子プールは、日本人を含めて地球上の全人種がもつ遺伝子の総和ということになる。遺伝子型は遺伝子プールから任意に抜き出した一セットのゲノムとみることができる。**ミーム・プール**はこの遺伝子プールの概念をミーム学に応用したもので、ある集団内に存在するミームの総和を表す。

社会生物学はネオダーウィニズムの立場から動物および人間の行動や社会現象を説明する学問分野で、**行動生態学**あるいは**進化生物学**と呼ばれるものもほぼ同じ内容を指す。行動の進化を遺伝的な適応の結果として説明することを基本的な目標とし、ある行動がもつ生存上の有利さあるいは不利さは**生存価**または**適応度**という概念で表される。古典的なダーウィン主義では、適応度は次世代に繁殖可能な子孫をどれだけ残せるかで示されるが、社会生物学では自然淘汰の単位は遺伝子であると考えるので、包括適応度が問題になる。なぜなら、自らの犠牲で他個体に利益を与える**利他行動**は、個体レベルでの淘汰では説明がつかないからである。ウィリアム・ハミルトンは、ハチやアリなど社会性昆虫に見られる利他行動の進化を説明するため**血縁淘汰説**を提唱した。ある行動が血縁個体に十分な生存上の有利さを与えれば、たとえ当の個体には不利益を与えても、その遺伝的行動は血縁個体がもつ共有の遺伝子を通じて子孫に伝わり、自然淘汰を生き残ることができる。これを血縁淘汰と呼ぶ。この血縁淘汰が成り立つかどうかを決めるのが**包括適応度**で、これは、自らにとっての適応度と、血縁個体に与える適応度と血縁度（どれだけ同じ遺伝子を共有しているか）との関数として与えられる。包括適応度を最大にするのが**最適戦略**と呼ばれるもので、一般にはその行動から得られる利益（ベネフィット）とそれに要する出費（コスト）の差を最大にするやり方を言う。

このように自然淘汰の単位を個体ではなく遺伝子であるという観点をさらに徹底したのがドーキンスの**利己的遺伝子説**で、彼は進化の主体は遺伝子であって、生物個体は遺伝子がたまたま利用する**ヴィークル**（乗り物）にすぎないという。ただし、利己的遺伝子といっても、本書の著者も再三注意しているように、遺伝子が利己的な意志や目的をもっているのではなく、遺伝子が自己複製子であるがゆえに、もっとも効率よく自らのコピーをつくることができる遺伝子が結果として繁栄するということを比喩的に強調しているにすぎない。ドーキンスはさらに、遺伝子の自己複製子としての力は自分の体の外部、たとえばビーバーがつくるダムといった表現型形質も自然淘汰を通じて操作しているとし、このことを**延長された表現型**という言葉で表した。

性淘汰は広い意味では自然淘汰の一種であるが、異性の選択によって生じるものを特に区別して言う。ダーウィンがライオンのたてがみやシカの角のように一方の性にのみ発達する形質の進化を説明するために提唱したもの。現在の社会生物学では性淘汰の機構をハンディキャップ説やランナウェイ説などで説明している。**ハンディキャップ説**は、雄に大きな出費を強いる派手な形質は本来は不利益をもたらすはずであるが、ハンディキャップを負っても生きていけるほど活力のあることのしるしとして、雌によって好まれるから進化するという考え方。**ランナウェイ説**はいったん雌が雄のある形質を好むようになると、もてる雄の形質がますます雌に好まれ、それが雄の形質をさらに過大にするという暴走状態に入り、適応上の意味がない形質でも強化されていくという理論。

はじめに

この本ができたのは病気のおかげである。一九九五年の九月に私は悪いウイルスをもらってしまい、なんとか仕事を続けようともがいたが、最後にはついに降参して病床につかざるをえなかった。入院は数カ月に及び、二〜三歩以上歩けず、二〜三分以上しゃべることができず、コンピューターを使うこともできなかった——実際のところ、本を読むのと考えること以外は何もできなかった。

この期間に、長いあいだ重圧となってきた「今週読まなければならない緊急の本」の山にとりかかりはじめた。そのなかの一冊がダニエル・デネットの最新刊『ダーウィンの危険な思想』だった。ほぼ同じ時期に私の指導する博士課程の大学院生ニック・ローズが「ミームと意識」という小論を書いてきた。どういうわけかミームという名のミームが私のところへたどりついたのだ。ドーキンスの『利己的な遺伝子』は何年も前に読んでいたのだが、ミームという考えをちょっとした冗談以上のものではないとみなして忘れてしまっていたようだ。突然私は、ここに人間の心についての理解を一変させるような強力な考えがあることを悟った——私はこれまでそれに気づくことさえなかった。そこで、ミームについて情報が得られそうなものは何でも読んだ。講演やテレビ番組への出演依頼、会議への出席、論文の執筆をすべて断らざるをえなかったので、ひたすらミームの研究だけに専心することができた。

本書の発想のほとんどは、数カ月ベッドに横たわっていたこの期間、ことに一九九六年の一月から三月のあいだに思いついたものである。しだいに病状が回復するにつれ、私は詳細なノートをつくりはじめた。発病してからおよそ二年後、もう仕事を再開できるほど十分に健康になっていたが、あらゆる招待や依頼にはノーと言いつづけ、代わりにこの本を書くことに決めた。

私は、それを可能にしてくれた病気と、母親がなにもできずに四六時中ただベッドに横たわっていることを嫌がる様子も見せなかったわが子供たち、エミリーとジョリオンに感謝したい。また私が病気になったとき世話をしてくれただけでなく、可能な限りのあらゆる方法で私がミームに熱中するのを励まし、「この本」を最優先にしてくれた、つれあいのアダム・ハート＝デーヴィスに感謝したい。

ダニエル・デネットは私の考えを最初に聞いてくれたうちの一人で、「慈愛に満ちた助言」を頂いたことに感謝する。数人の人々が、本書の全体または一部の初期の草稿を読むことによって私を大いに助けてくれた。リチャード・ドーキンス、ダニエル・デネット、デレク・ギャザラー、アダム・ハート＝デーヴィス、ユーアン・マクファイル、ニック・ローズといった人々であり、また担当編集者のマイケル・ロジャーズは多くの適切な助言と激励をくれた。ヘレナ・クローニンは私をミームに関する講演に招いてくれ、たくさんの有益な批判に触れさせることによって、きわめて大きな助けを与えてくれた。最後に、第一四章で論じた睡眠麻痺および超常現象の研究に対する財政的援助についてペロット＝ウォリック財団に感謝したいと思う。これらすべての助けがなければ、こうした特別なミームたちが一堂に会することはけっしてなかったであろう。

一九九八年一〇月、ブリストルにて

ＳＪＢ

1　奇妙な生き物

人間は奇妙な生き物だ。私たちの体がほかの動物とまったく同じように自然淘汰によって進化したのは疑う余地がない。けれども、私たちは多くの点であらゆる他の動物と違っている。まず第一に私たちはことばを話す。私たちは自らがこの地球上でもっとも知的な種だと信じている。私たちは途方もなく広い範囲に分布しており、生きる糧《かて》を得る方法に関しては極端なほど融通性に富んでいる。私たちは戦争をし、宗教を信じ、死体を葬り、性をめぐってどぎまぎする。私たちはテレビを見、車を運転し、アイスクリームを食べる。私たちは地球の生態系にあまりにも破滅的な影響を与えてきたために、自らの生活が依拠しているすべてのものを破壊する危険にさらされているように思える。人間であることの一つの問題は、人間を先入観のない眼で眺めることがかなりむずかしいということにある。

一方において、私たちは明らかにあらゆる他の動物と類似点をもつ動物である。私たちは細胞でできた肺、心臓、脳をもち、食べ、呼吸し、生殖する。ダーウィンの自然淘汰による進化論は、いかにして私たちがこの惑星の残りの生物ともどもここまでやってきたか、そして、なぜ私たちみながこれほど多くの特徴を動物と共有しているのかをうまく説明することができる。一方では、私たちは他の動物とはまったく違ったふるまいをする。生物学が他の生き物と私たちとの類似性を非常にうまく説明してくれているので、私たちとしては逆の問いをしてみる必要がある。何が私たちをこれほど違ったものにしているのか？　それは私たちのすぐれた知能、私たちの意識、私たちの言語なのだろうか、それとも他に何かあるというのだろうか？

　ごくありきたりの答えは、私たちが単純にほかのどの種よりも知能が高いということだ。しかし知能という概念は極端にとらえどころのないもので、それをどう定義し、計測するか、そしてそれはどの程度遺伝するかをめぐっての果てしのない議論がある。人間の知能をそれほど特別なものにしているものが何であるかを知っていると考えていた人々にとって、人工知能（ＡＩ）の研究はいくつかの心地よい驚きを与えてきた。

　人工知能の初期の段階で研究者たちは、もしコンピューターにチェスの指し方を教えることができれば、それが人間の知能の最高の形を再現することになるだろうと考えていた。そういう時代には、コンピューターが、グランドマスターを負かすどころか、そもそもうまく指せるという考えそのものがありえないものだった。しかし今では家庭用のコンピューターのほとんどは一応指せるチェスのプログラムがすでにインストールされた状態で届けられる。そして一九九七年にディープ・ブルーというプログラムが世界チャンピオンのガリー・カスパロフを破り、このゲームにおける疑いの余地ない人間の優越性に終止符が打たれた。コンピューターは人間と同じやり方でチェスを指さないかもしれないが、その成功は知能について私たちがいかに誤った判断を犯しうるかを示している。明らかに、私たちが人類のもっとも特別な能力と考えていたものは、そうではありえないのだ。

一見したところまったく知能を必要としないように見える家の掃除、庭の土掘り、お茶を入れるといったいくつかの事柄については、まったく逆のことがあてはまる。ＡＩの研究者たちは繰り返し、そのような作業を遂行するロボットを組み立てようと試みてきたが、つねに挫折してきた。第一の問題は、これらの作業がすべて見通し《ビジョン》を必要とすることである。ＭＩＴ（マサチューセッツ工科大学）のマーヴィン・ミンスキーが大学院生に夏の課題として見通しの問題を与えたときの、よく知られた（ただし、おそらく捏造された）話がある。それから数十年たった今でも、コンピューターの見通しの問題は依然として、問題のままである。私たち人間はあまりにも楽々と見通すことができるので、その過程がどんなに複雑なものになるかをまったく想像することができない。そして、どんな場合にも、この種の知能は人間を他の動物から区別するものにはなりえない。なぜなら動物も見通すことができるからである。

もし知能が単純な答えを与えてくれないのであれば、ひょっとすれば意識が与えてくれるかもしれない。しかし科学者は「意識」という用語を定義することさえできない。誰もが自分の意識がどのようなものであるかを知ってはいるが、ほかの誰ともその知識を共有することはできない。この厄介な事実――意識の主観性――によって、二十世紀の大半を通じて意識という話題全体が、多かれ少なかれ科学的な議論を禁じられてきた理由を説明できるかもしれない。ついに現在にいたって、それは再び流行のテーマとなってきたが、しかし科学者と哲学者は意識の説明がどのようなものになるかについて、意見の一致をみることさえできない。ある人々は、主観性という「難問」は他のいかなる科学的問題ともまったく異なるものであり、まったく新しい種類の解答を必要とすると言い、それに対して別の人々は、私たちが脳の機能と行動を完全に理解するときに意識の問題は消滅しているだろうと確信している。

物理的な脳を超越し、人類の特異性を説明する人間の魂や霊の実在を信じている人々もいる。宗教的な信念の衰退とともに、このような見方を知的に受け入れる人の数はしだいに少なくなっているが、しかし私たちの大部分は、自分自身のことを脳の内部にいる小さくて意識的な「私」であると考えつづけている。つまり世界を眺め、決断を下し、動作を指示し、それらに対して責任をもつ「私」である。

後に見るように、このような見方は間違っているに違いない。脳が何をしているのであれ、それが特別の、魔術的な自己の助けを必要としているとは思えない。脳のさまざまな部位は、お互いに無関係にそれぞれの任務を遂行しているのであり、数え切れないほどの異なった出来事がつねに同時に進行しているのである。私たちの頭のなかに何か中心的な場所があって、そこに感覚が送り込まれそこから意識的な決断が下されると感じているかもしれない。しかし、そのような場所はまったく存在しない。明らかに意識的な自己に関する私たちの通常の見方はどこか非常に間違っている。このような混乱した観点からは、他の動物が意識をもたないとか、意識が私たち人間を特別なものにしているとか、確信をもって言うことはできない。とすれば、何が私たちを特別なものにしているのだろう?

何が私たちを特別なものにしているか?

私たちを特別なものにしているのは模倣の能力であるというのが本書の主題《テーゼ》である。

模倣は私たち人類に自然にやってくる。あなたは赤ん坊の前に座って、まばたきし、あるいは手を振り、あるいは「流し目をしたり」、あるいはただにっこり笑いかけたおぼえがないだろうか？　何が起きるだろう？　まずたいていの場合、赤ん坊もまばたきし、あるいは手を振り、あるいはあなたに微笑みかえす。私たちはきわめて簡単に、幼児でさえ模倣をするのである。私たちはいつでもお互いに真似しあう。それは、ものを見るのと同じように、何の苦もなくできるので、それについて思いめぐらすことはほとんどない。私たちがそれを何か非常に巧妙なものだと考えないのは確かだが、しかし、のちに見るように、それは途方もなく巧妙なものなのである。

確かに、他の動物は自然に模倣をすることはない。あなたのイヌやネコの前でまばたきしたり、手を振ったり、微笑んでみたら何が起こるだろう？　喉を鳴らすか、尻尾を振るか、体を後ろにピクッと引くか、あるいは歩みさるかもしれない。しかし、あなたの模倣をしないのはまず確かである。段階的に報酬を与えていく訓練によって、ネコやネズミにきちんと餌をねだるように教えこむことはできるが、あなた自身がその芸当を演じて見せることによって教えこむことはできない――ほかのネコもネズミもできない。動物の模倣についての何年にもわたる詳細な研究は、それが極端にまれなものであるという結論をもたらした（この点については、第四章で再論する）。母ネコが子猫に狩りや毛づくろい、ネコ用の扉を使うことを教えるのではないかと考える人がいるかもしれないが、実演してみせることや模倣によってそれをすることはない。親鳥は、飛ぶために必要な技巧を真似することができるように実演してみせるよりもむしろ、雛を巣から押し出してそれを試みるチャンスを与えることによって雛に飛び方を教える。

動物が人間の行動を真似するという物語には格別に心に訴えるものがあり、ペットの飼い主たちはこの手の話が大好きである。私はインターネットで、トイレの水を流すことをおぼえ、すぐに別のネコにその技を教えたネコの話を読んだ。今では二匹は水を放出している水槽の上にならんで座るという。もう少し信頼性のある逸話が、ラトジャーズ大学の心理学者ダイアナ・ライスによって語られている。彼女はハンドウイルカを研究しているが、この動物は音声や人工の笛音のほか、単純な動作を真似できることが知られている（Bauer and Johnson 1994; Reiss and McCowan 1993）。彼女は報酬として魚を与え、また罰としての「一時中断《タイムアウト》」という手順を使うことによって、イルカを訓練した。もしイルカがまちがったことをすると、彼女は水槽の縁から歩み去り、一分間待ってから水槽に戻るのである。ある日、一頭のイルカに魚を投げたが、それがたまたま鋭い鰭の先端のどこかにひっかかってしまった。たちまちイルカはぐるりと背を向けて泳ぎさり、水槽の反対側で一分間待機していたという。

この話は、イルカがこの行動を理解し、私たちと同じような知能、意識、および志向性をもっていると考えざるをえないがゆえに私の関心を引いた。しかし私たちは、イルカが明らかな仕返し行為に使っているのは確かだとしても、これらの事柄を定義することすらできない。わかるのは、イルカが適切なやり方でライス博士を模倣したということである。私たちは模倣の巧妙さをあまりにも忘れているため、それがほかの動物でどれほどまれなことであり、どれほど頻繁に人間がそうしているかさえ、ほとんど気づくことがない。

おそらく、さらに説得力があるのは、私たちが根本的に異なった種類の学習に対する個別の単語をもたないことだろう。単純な連合学習すなわち「古典的条件づけ」（これはほとんどの動物ができる）、試行錯誤学習すなわち「オペラント条件づけ」（多くの動物ができる）、および模倣による学習（ほとんどすべての動物ができない）のどれについても、同じ「学習（learning）」という単語が使われる。

私としては、私たち人間があまりにもたやすく模倣することができるがゆえに、模倣こそが人間を特別なものにしているのだという、この単純な事実が見えないのであるということを、強調しておきたい。

模倣とミーム

もしあなたが誰かの真似をすれば、何かが伝えられる。この「何か」は次に、さらにまたその次に、伝えていくことができ、かくしてそれ自身の命をもつことになる。それを、思想、指示、行動、一つの情報……と呼んでもいいのだが、それについての研究に着手しようとするのであれば、名前をつける必要があるだろう。

幸いなことに名前がある。それは「ミーム」だ。

「ミーム」という用語は、ベストセラーとなったリチャード・ドーキンスの『利己的な遺伝子』という本に一九七六年に初めて登場した。この本で、オクスフォード大学の動物学者ドーキンスは、進化は遺伝子間の競合という観点からもっともよく理解できるという、近年ますますその影響力を増している考え方を普及させた。二十世紀の初め、生物学者たちは「種にとっての利益」のために起こる進化について、その正確なメカニズムに思い悩むことなく、暢気に語っていた。しかし、一九六〇年代になると、この見方にまつわる重大な問題が認識されはじめた（Williams 1966）。たとえば、もしある生物の集団の全員が集団にとっての利益のために行動するとすれば、そのようにふるまわない一個体は容易に残りの個体を搾取することができる。そしてこの個体はより多くの子孫を残すだろうが、これらの子孫たちもまた集団のために行動しないから、集団でいることの利点は失われてしまうだろう。より現代的な「遺伝子の視点からの見方」に基づけば、進化は個体の利益に向かって、あるいは種にとっての利益のために進行しているように見えるかもしれないが、実際はすべて遺伝子間の競合によって突き動かされているのである。この新しい視点は進化についてははるかに強力な理解の手だてを提供し、「利己的遺伝子説」と呼ばれるようになっている。

この文脈における「利己的」が意味するところについて徹底的に明確にしておく必要がある。それは利己的行動のための遺伝子を意味しない。そのような遺伝子はその担い手を利己的にふるまうようしむけるだろうが、それはまったく別のことである。ここでは「利己的」という用語は、遺伝子が自分のためだけにふるまうことを意味する。唯一の関心は自分自身の複製であり、望みはただ次の世代に伝えられることだけなのである。もちろん、遺伝子が人間と同じような形で「望む」ことはないし、目的や意図をもつこともない。それはコピーすることのできる化学的な指示でしかない。したがって、私がそれらが「望む」とか「利己的」というとき、一種の簡略表現を用いているのであるが、この簡略表現は長々しい説明を避けるために必要なのである。遺伝子は次世代に伝えられることに関して成功するかしないかのいずれかしかないということを銘記しておけば、判断を誤ることにはならないだろう。そこで、「遺伝子はxを望む」という簡略表現はつねに、「xをおこなう遺伝子は次世代により伝えられやすい」と詳しく書き直すことができる。これこそ、遺伝子がもつ唯一の力、すなわち自己複製子としての力である。そして、遺伝子が利己的であるというのは、この意味においてなのである。

ドーキンスはまた、「自己複製子（replicator）」と「ヴィークル（vehicle）」との重要な区別も紹介している。自己複製子は自らの複製《コピー》をつくるものなら何でもよく、その性質が再度複製される確率に影響を及ぼす「能動的自己複製子」も含まれる。ヴィークル［もともとの意味は乗り物］は環境と相互作用する実体で、ハル（Hull 1988a）が同じような概念に対して「相互作用子（interactor）」という用語の方を好むのは、それゆえである。ヴィークルあるいは相互作用子は自らの内部に自己複製子をもってあちこちへ運び、保護する。最初の自己複製子はおそらく原始スープのなかの単純な自己複製する分子であったが、現在私たちにとってもっともおなじみの自己複製子はＤＮＡである。そのヴィークルは生物の個体または集団で、海や空や、森や野原で暮らしながら、お互いに相互作用しあっている。遺伝子は、この地球の生物学的世界の進化を駆動する利己的な自己複製子であるが、ドーキンスはそこに働くもっと根本的な原理が存在すると信じている。彼は、この宇宙のいかなる場所であれ、自己複製をおこなう実体が生じたところでは、「すべての生命は生存率の差に基づいて進化する」と示唆している（Dawkins 1976, p.192）。これが普遍的ダーウィン主義という考え方の基礎である。つまり、ダーウィン的な思考法を生物学的進化の境界を越えたところまで応用したものである。

その本のまさに最後で、彼は挑発的かもしれないが、明白な問いを発している。わが地球上にほかに何か自己複製子が存在するだろうか？　その答えは、「イエス」だと彼は言う。いまだに文化的な原始のスープのなかに不格好に漂ってはいるが、私たちの目の前にもう一つの自己複製子がある――それが模倣の単位である。

新登場の自己複製子にも名前が必要だ。文化伝達の単位、あるいは模倣の単位という概念を伝える名詞である。模倣に相当するギリシア語の語根をとれば〈mimeme〉ということになるが、私の欲しいのは〈gene（遺伝子）〉に発音の似ている単音節の単語だ。そこで、mimeme を縮めてmemeにしてしまうことにするが、古典学者の友人たちにはご寛恕を乞いたい。

その実例として、彼は「楽曲《メロディ》、思想、キャッチフレーズ、衣服のファッション、壺の作り方、あるいはアーチの建造法」をあげている。彼は、脳から脳へ飛び移ることによって、受け入れられ、世界中に増殖する科学思想に言及している。また、高い生存価をもち、社会全体に神や死後の生命への信仰を伝染させる一群のミームとしての宗教について書いている。さらに衣服のファッションや食べ物、儀式や習慣、技術についても語っている——これらはすべて、ほかの人間の真似をした人間によって拡められる。ミームは人間の脳（あるいは書物や発明品）のなかにたくわえられ、模倣によって伝えわたされていくのである。

わずか数ページで、ドーキンスはミームの進化を理解するための基盤を築く。彼は脳から脳へ飛び移ることによるミームの増殖について論じ、それを宿主に感染する寄生体になぞらえ、肉体的に体現された生きた構造として扱い、相互に助け合うミームがいかにして遺伝子と同じように集団行動をとるのかを示している。きわめて重要なことに、彼はミームを一つの独立した自己複製子として扱った。彼の同僚の多くは、ミームが遺伝子に対するいかなる利益とも無関係に、自分自身の利益のために拡がるという考えを受け入れられないように思われると、彼はこぼしていた。人間の行動に関する疑問に答えるために、「最終的には、彼らはいつも決まって〈生物学的有利さ〉に立ち戻ろうとしたがる」。確かに、私たちは生物学的（遺伝的）理由によって脳を獲得したことに彼は同意するが、今や私たちがもっているのは新しい自己複製子が解き放たれた脳なのだ。「いったんこの進化が開始されると、もはやそれが古いタイプの進化に従わねばならぬ必然性はない」（前掲書、p.193-4）。言い換えれば、ミームの進化は今や遺伝子への影響を考慮することなく出発することができるのだ。

もしドーキンスが正しければ、人間の生命はすみずみまでミームとそれがもたらす結果に満ちあふれていることになる。誰かからの模倣によって学習したことはすべてミームである。しかしここで、「模倣」という語が何を意味するかをはっきりさせておかなければならない。なぜなら、私たちのミーム学の理解全体がそれにかかっているからである。ドーキンスはミームが「広い意味で模倣と呼びうる過程を介して、脳から脳へ」（前掲書、p.192）飛び移ると言っている。私も「模倣」という語を広い意味で使う。そこで、たとえば、友達があなたにある話をし、あなたがその骨子をおぼえていて、ほかの誰かに伝えたとすると、それは模倣と認められる。あなたはその友達のあらゆる仕草や言葉を厳密に模倣したわけではないが、その友人から何か（話の骨子）があなたにコピーされ、次にほかの誰かにコピーされたのである。これが「模倣」という用語を理解しなければならない「広い意味」なのだ。もし迷ったら、何かがコピーされていなければならないということを忘れないでほしい。

このような形で、人から人へ伝えられていくものはすべてミームである。これには、あなたのボキャブラリーにある単語、あなたの知っている物語、他人から習いおぼえた技能や習慣、好きなゲームのすべてが含まれる。あなたの歌う歌、あなたの従う規則も含まれる。したがって、たとえば、左側（あるいは右側！）を車で走行するとき、ビールを飲みながらカレーを食べたりコークを飲みながらピザを食べたりするとき、『ネイバーズ』の主題曲のメロディを口笛で吹いたり握手をしているときでさえ、いつでも、あなたはミームにかかわっているのである。これらのミームのそれぞれは、独自の歴史をもつ固有のやり方で進化してきたものであるが、いずれも、自らをコピーさせるのにあなたの行動を利用している。

「ハッピー・バースデイ・トゥ・ユー」という歌を取り上げてみよう。何百万という人々——おそらくは世界中で何十億人も——がこのメロディを知っている。実際、私がこの四つの単語を書き記しさえすれば、あなたがこのメロディを口ずさみはじめるだろうということを、かなりの確信をもって予想できる。これらの単語は、おそらくあなた自身としては意識的にそうする意図はないのに、すでにもっている記憶をかきまわすことによってあなたの心に影響を及ぼす。何ものか、何らかの情報、何らかの指示が、そういう反応をする人すべての脳に宿ってしまっているため、今では私たちすべてが誕生パーティで同じことをするのである。この何ものかこそが、私たちがミームと呼ぶものなのである。

ミームは、私たちにとって有用であるか、中立的であるか、はっきり有害であるかにかかわりなく、見境なしにあちこちに拡がっていく。卓抜な新しい科学的発想や技術的な発明はその有用性のゆえに拡がるかもしれない。ジングル・ベルのような歌はとりたてて有用ということはないが、確実にイライラさせるということもなく、まずまずに聞こえるがゆえに拡がるかもしれない。しかし、いくつかのミームははっきりと有害である——幸福の手紙やマルチ商法、詐欺の新手法や誤った教義、効果のないダイエット法や危険な医学的「療法」などのように。もちろん、ミームは意に介さない。ミームは遺伝子と同じように利己的で、ただひたすら可能なかぎり拡がろうとするだけだ。

ミームについても遺伝子と同じように簡略表現が適用されることを忘れないでほしい。ミームは「利己的」だ、彼らは「意に介さない」、彼らは自らの増殖を「望む」、等々と言うことができるが、そのとき、私たちが意味しているのは、成功したミームはコピーされ拡まったものだが、不成功に終わったミームはそれができなかったものということなのである。これこそが、ミームがコピーされることを「望み」、あなたから次々と伝えられていくことを「望み」、あなたおよびあなたの遺伝子にとってそれが何を意味するかを「意に介さない」ということの意味である。

これがミームという観念の背後にある力である。ミーム学的な思考を開始するためには、私たちは、生物学者が利己的遺伝子という観念を採用したときと同じように、一つ大きく宙返りをしなければならない。私たちの観念が自分たち自身の創造したものであり、私たちのために働いていると考えるかわりに、それらが自律的で利己的なミームであり、自らがコピーされることのみのために働いていると考えなければならないのである。私たち人類は、その模倣の能力ゆえに、ミームたちが拡がるためにまさに必要とする身体的な「宿主」となったのだ。これが「ミームの視点」から見た世界の姿である。

ミームの怖さ

実際これはおっかない概念である。またおそらく、そのことが、まるで使うのをすまながっているかのように、「ミーム」ということばが非常にしばしばカッコ付きで書かれる理由なのであろう。私は高名な講演者たちが「ミーム」ということばを大きな声で言わなければならなかったときに、両手をあげ、耳の上でグイとひねるのを見たことがある。徐々にこのことばは一般によく知られるようになっていき、今では『オクスフォード大英語辞典』にさえ追補収録されることになった。インターネット上にはこれを論じるいくつものグループと『ミーム学雑誌』があり、サイバースペースにおいてこの概念がほとんどカルト的な信奉者を獲得してしまったかのように思われる。しかしアカデミズムではまだそれほどの成功はしていない。人類の起源、言語の進化、進化心理学についての最近出版された最良の書物のいくつかを熟読してみれば、そのほとんどにこのことばがまったく登場しないことがわかる(「ミーム」は Barkow *et al.* 1992; Diamond 1997; Dunbar 1996; Mithen 1996; Pinker 1994; Mark Ridley 1996; Tudge 1995; Willis 1993; Wright 1994 の索引にない)。ミームという概念はこれらの分野においてとりわけて相応しいものに思われ、私は、今や人類の生命と進化に作用する第二の自己複製子という見解を採用するべきときであると主張したい。

ミームという概念にまつわる問題の一つは、私たちは何であり、なぜここにいるのかに関して私たちが心のもっとも奥深いところでもっている前提をミームが打ちのめすことである。コペルニクスとガリレオが現れる以前には、人々は自分たちが神によって特別に創造された世界における宇宙の中心に生きていると信じていた。しだいに私たちは、太陽が地球のまわりをまわっているのではないということだけでなく、ほかのいくつもの銀河からなる広大な宇宙のなかのごくふつうの銀河のなかの微小な一惑星に生きているということをも受け入れなければならなくなった。

一四〇年前にダーウィンの自然淘汰による進化の理論が、設計者《デザイナー》なしの進化について初めてまっとうなメカニズムを提供した。人類の起源に関する人々の見方は、神の姿に似せて特別に創造されたという聖書の物語から、猿に似た祖先の末裔にあたる動物へと変わった——実に大きな飛躍であり、ダーウィンに対する大きな嘲りと狂信的な反対を引き起こすことになった。にもかかわらず、私たちはこの飛躍にうまく対処することができ、自分たちが進化によって創造された動物であることを受け入れるにいたったった。けれども、もしミーム学が有効なものであるなら、私たちは精神と自己の起源について同じような進化的メカニズムを受け入れるという、今ひとつの大きな飛躍をしなければならないだろう。

＊
＊

ミーム理論に信じる価値があるかどうかを何が決めるのだろう。科学哲学者たちは何が科学理論を有効たらしめるものかをめぐって論争しているが、大方の意見の一致する規準が少なくとも二つあり、私はそれを用いてミーム学を判定してみようと思う。まず第一に、その理論はほかの競合する理論に比べて物事をよりうまく、つまりより簡潔にないしより包括的に説明できなければならない。第二に、それは検証可能な予測を導くことができ、その予測が正しいことが証明できなければならない。理想的には、そのような予測は、ミーム学の理論から出発するのでないかぎり誰も予想しないような思いがけない事柄であるべきである。

本書における私の目的は、今のところ使えるほかのどんな競合理論よりもミーム学の理論の方が人間性の多くの側面をうまく説明できることを示すことにある。この理論は一つの単純なメカニズム――人間の脳に入り込んで、次々と伝えわたされていくことに関するミーム間の競争――だけをもってスタートする。このことから、巨大な人間の脳の進化、言語の起源、あまりにも多くしゃべり、考えるという私たちの性向、人間の利他主義、そしてインターネットの進化といった多岐にわたる現象の説明が生まれる。ミームという新しいレンズを通して眺めると、人類はまったく違った姿に見えてくる。

この新しい方法はより優れているのだろうか？　私には明らかにそう思えるが、多くの人は同意しないだろうと思う。ここは予測の出番である。私はできるかぎり明確な形で予測を引き出し、それがどのようにしてミーム理論から生じるかを示そうと試みた。私は推論をし、ときには、証拠を乱暴に飛び越えて推論することさえあるが、その推論が検証可能である限りそれは有益でありうる。最終的には、これらの予測の成功あるいは失敗が、ミームが単なる意味のない比喩《メタファー》にすぎないか、それとも人間性を理解するのに必要な新たな大統一理論であるかを決定するであろう。

2 ミームとダーウィン主義

ダーウィンの自然淘汰による進化の理論は、私の精神にとって、あらゆる科学のなかでもっとも美しいものである。それは、きわめて単純でありながら、その結果が非常に複雑であるがゆえに美しい。それは直感に反し、把握するのがむずかしいが、ひとたびそれを理解すると、世界が目の前で姿を変える。生物の世界のあらゆる複雑さを説明するのに、偉大なる設計者《デザイナー》はもはや必要ないのだ。そこにはただ、私たちすべてを生み出した強力で心をもたない手順が存在するだけなのだ――美しいが、怖ろしくもある。

この章のほとんどを費やして、この理論を説明したいと思う。問題は、この美しいほど単純な考えがしばしば誤解されていることである。おそらくそのあまりの単純さが人々にそこにはほかに何かがあるはずだとか、あるいは実際にそれを把握したときに大事な点を見逃したとか思わせてしまうのだろう。自然淘汰による進化はごくごく単純なものであるが、誰もがすぐ気がつくというものではまったくない。

ダーウィンは一八五九年に初版が刊行された大著『自然淘汰の方途による種の起原』〔いわゆる『種

の起原』」において、その基本原理を説明した。これより以前にも多くの人が、生物相互の関係や化石記録の漸進性に強い印象を受け、進化について推測を巡らしていた。そのなかに、チャールズの祖父エラズマス・ダーウィンや、ジャン・バティスト・ド・ラマルクがいた。けれども、進化を作動させるまっとうなメカニズムを述べたものは誰一人としてなかったのであり、それこそがダーウィンの偉大な貢献であった。

彼は、もし生物が変異するならば（確かに変異する）、そしてもし、その個体数の幾何級数的な増加のためにどこかの時点で生存競争が存在するとすれば（議論の余地はありえない）、その際に、ある生物の繁栄のために有用な何らかの変異が存在しないということはまずありえないだろうと推論する。とすれば、そういった特性をそなえた個体は「生存競争の中で生き残る」最大のチャンスをもつことになり、同じ特性をもつ子を産むだろう。これが彼が「自然淘汰」と呼ぶ原理である。

ダーウィンの主張は、変異、淘汰および保持（すなわち遺伝）という三つの大きな要件を必要とする。つまり、第一に、すべての生物が同一でないようにするために変異がなければならない。第二に、すべての生物が生き延びることはできず、ある種の変異体が他の変異体よりもうまくやっていけるような環境がなければならない。第三に、子が親の特性を受け継ぐような何らかの過程がなければならない。もしこの三つがすべてきちんとしていれば、その環境内での生存にとってはっきりと有益な特性は、いかなるものであれ増加する傾向をもつに違いない。リチャード・ドーキンスのことば遣いにあてはめれば、もし一部しか生き残らないような不完全なコピーしかつくれない自己複製子が存在したとしても、それでも進化は断じて起こるに違いない。この進化の不可避性こそ、ダーウィンの洞察をきわめて独創的なものにしている要素である。必要なのは正しい開始条件だけであり、そうすれば必ず進化は起こるに違いない。

進化的アルゴリズム

アメリカの哲学者ダニエル・デネット（1995）は、全進化過程を一つのアルゴリズム、すなわち従いさえすれば結果が必ず生まれる、心をもたない手順として記述した。今日でこそ、私たちはアルゴリズムという概念を使いなれているが、ダーウィン、ウォレスやその他の初期の進化論者たちはそうではなかっただろう。合計金額の計算であれ、電話番号をダイヤルするのであれ、あるいはお茶を一杯いれるのであれ、私たちがしていることの多くはアルゴリズムに基づいている。機械との相互作用はとりわけアルゴリズム的であり、機械の普及は私たちがそのような形で考えることを容易にする――カップを取る、それを液体の出口の下に置く、飲み物を選ぶ、正しい額のお金をいれる、ボタンを押す、カップを取り出す――。もし正しい順序で正しい段階を進んでいけば、その結果は一杯のカプチーノであり、もしまちがえれば、床を汚すことになる。私たちの医療記録を保存したりコンピューター・ゲームのグラフィクスを動かしているコンピューター・プログラムは、すべてアルゴリズムであり、私たちがワープロや財務会計パッケージ・ソフトとつき合うやり方もそうなのである。

アルゴリズムは「基質に対して中立的」で、異なる多様な器具を使って動かすことができる。紙と鉛筆をもった人間、クランクを手でまわす計算器、そしてデジタル・コンピューターはどれも、特定の数学的手続きのために同じアルゴリズムに従い、同じ答えに到達することができるのだ。基質は問題ではない――手続きの論理だけが問題なのだ。ダーウィン自身の主張の場合、基質は生き物と生物学的な環境であったが、デネットが指摘するように、この論理は変異、淘汰、遺伝が存在するいかなるシステムに対しても同様に適用できるだろう。これが、またしても普遍的ダーウィン主義の考え方である。

アルゴリズムはまた、完璧に心を欠いてもいる。もしあるシステムが与えられた手順に従うように設定されていれば、それは作動させるために内部にいかなる小さな心、あるいは余分な何かを必要とすることもない。それはまさに心なしに起こらなければならないのだ。デネットがダーウィンの理論を「心の助けなしに混沌《カオス》から構造《デザイン》をつくりだす図式」（Dennett 1995, p.50）と表現する理由はここにある。構造《デザイン》は、何百万という生き物が何百万年以上の年月にわたって、実際に生存できる以上の子を産出するときに、絶対に生じてくるに違いない。現在生きているものたちは、自分たちのおかれた環境によりよく適応しているがゆえに生きているのである。彼らは自らの特性を自分の子どもに伝え、それはさらにその子孫へと伝えられていく。環境それ自体もこうしたすべての発展ゆえにたえず変化しており、したがってこの過程はけっして静的なものではない。

アルゴリズムは同じ地点から出発すればつねに同じ結果を生じなければならない。これは、もし進化が一つのアルゴリズムに従うならば、その結果はあらかじめ決定されており、予測可能でなければならないということを示唆しているように見える。これは事実ではなく、そうならない理由はカオス理論が説明してくれる。水滴をたらす蛇口や流れる気体、あるいは振り子が描く軌道のように、単純な過程でカオス的なものがたくさんある。これらの過程は単純で心をもたないアルゴリズムに従うが、その最終結果は複雑で、カオス的で、予測不能である。美しい形やパターンが現れることもあるが、そのパターンの種類は予測できても、細部はその手順を正確に動かさないかぎり予測できない。カオス的なシステムは出発点となる初期条件にきわめて鋭敏に左右されることがあるので、最初のわずかな違いがまったく異なる結果をもたらすこともある。進化はそれに似たものなのである。

複雑系の理論家スチュアート・カウフマンもまた、生命の進化を、圧縮できないコンピューター・アルゴリズムになぞらえている。私たちはそれら全体がどのように展開していくのかを正確に予測することができず、「距離をおいてその行進《ページェント》を見つめる」ことしかできない。しかしながら、私たちは「その予測不能な成り行きを支配する深く美しい法則を発見する」ことはできる（Kauffman, 1995, p.23）。

今や私たちは、進化がたとえ単純なアルゴリズムに従っているだけだとしても、カオス的なシステムであって、その帰結が信じられないほど複雑なものになりうることを理解できる。さらに、結果はそのアルゴリズムを動かさない限り予測できない——そしてそれは一回動かされるだけなのだ。私たちはこの理論を検証するために実験をすることはできるが、次回には違った道をたどるかどうかを見るために地球上の生命の進化をもとに戻すことはできない。次はないのだ。ほかの惑星上に生命が見つかるまでは、この一回しかないのである。

興味深い議論がいっぱい残っている。たとえば、淘汰がない場合でさえ宇宙のなかで一体どれほどのパターンと秩序は必然的に出現するのか。生命の道筋を形づくるうえでの歴史的な偶然の役割、そして進化はつねに体の前部に口があり、複数対の肢、眼、あるいは性をもつ左右対称の動物といった特定の種類のものを生み出す傾向をもつのだろうか。そういった疑問の解決は進化についての私たちの理解を大幅に助けるだろうが、進化的アルゴリズムの基本原理の把握にとっては、このどれ一つとして本当の問題にはならない。このアルゴリズムを開始したときの不可避的な結果は、デザインがどこからともなく生み出されるということである――しかし、私たちはそれがどのような種類のデザインになるかを正確に予測することはできない。進化は私たちで終わる必然性はまったくなかった。それは最初にスタートしたものを超える何かで終わらなければならなかっただけだ――そして、その何かがたまたま私たちを含むこの世界だったのである。

　進化のなかに進歩は存在するのだろうか。グールド（Gould 1996a）は存在しないことを非常にうまく論じているが、私の思うには、彼のもっている進歩の概念は私には共有できないものだ。何かに向かう進歩を除外した点では彼は正しい。この点こそ、ダーウィンの着想の全体的な要点で――そして彼の理論をあれほど美しいものにしているもの――、いかなる基本計画《マスタープラン》も、目的地点も、設計者《デザイナー》も存在しないのだ。しかし、もちろん、私たちは現在あらゆる種類の生物に満ちあふれた複雑な世界に生きているのに数十億年まえには原始スープしかなかったという意味では、進歩は存在する。この複雑性の度合いを計る一般に認められた物差しはないけれども、生物の多様性、生物一個体の遺伝子の数、そしてその構造と行動の複雑性はすべて増加した（Maynard Smith and Szathmary 1995）。進化は自らの産物を使って上昇していくのである。

　ドーキンスはこれを「不可能山《マウント・インプロバブル》を登る」と表現している（Dawkins 1996a）――時間が経つにつれて、自然淘汰はゆるやかな傾斜をわずかずつ登っていき、ますますありそうにもない生き物の高みへと到達する。そして強い淘汰圧があるときには、進歩は何世代にもわたって維持されることがある。デネットはこの進歩を「デザイン空間における上昇《リフティング》」と表現しており、自然淘汰というクレーンまたはくさびが非常にゆっくりと、わずかな幅の一歩ずつで、それ以前の登攀《とうはん》のあらゆる努力を足場にすることによって、すぐれた造形《デザイン》の技《トリック》を見つけだし、累積していくのである。

この進歩は必ずしも着実ではないし、つねに増大するわけでもない。急激な変化の時期にはさまれて長い静止期がある。また、ワニのように長期間にわたって同じ状態にとどまっている動物がいる一方で、急激に変化する動物もいる。またときには、恐竜が絶滅したときのように、何百万年ものあいだに蓄積されたデザインが突然消え失せることもある。ある人々は、過去の絶滅において多くの生物多様性が失われたと同じように、私たち人類も消滅の過程にあると信じている。もしそうなれば、進化的アルゴリズムは、何であれ残ったものを基に、再び創造的な作業を開始するだろう。

この創造活動のすべては自己複製子としての力に依存している。利己的な自己複製子たちはコピーされ、コピーするのに必要な機構と素材をもっているかぎり、彼らはその作業を行き当たりばったりにおこなう。いかなる先の見通しももたず、先のことを考えることもせず、心の中にいかなる計画も図式ももっていない。彼らはただコピーされるだけなのだ。この過程で、あるものは他のものよりうまくやり、あるものが他のものを消滅させる、このようにして、進化的なデザインが生じるのである。

したがって、これらは、いかなる進化の理論にも適用できる一般原理のうちの一部である。もしミームが本当に自己複製子であり、進化的過程を維持することができるのであれば、これらの原理のすべてが適用され、この基盤の上にミーム学の理論を構築できなければならないはずだ。はたしてできるだろうか？　ここで私たちは二つの重要な問いを発することができる——自己複製子であるための規準は何か？　そして、ミームはその規準を満たしているか？

自己複製子としてのミーム

何かが自己複製子とみなされるためには、それは変異、淘汰、および保持（すなわち遺伝）に基づく進化的アルゴリズムを維持しなければならない。ミームはまちがいなく変異をともなっており——物語が二度まったく正確に同じに語られることはまずないし、二つの建物が絶対的に同じということもないし、あらゆる会話は独特である——、ミームが伝えられていくとき、そのコピーがつねに完璧ということはない。心理学者として、フレデリック・バートレット卿は一九三〇年代に、物語が伝えられるたびに少しずつ潤色され、あるいは細部が忘れられていくことを示している（Bartlett 1932）。ミーム的な淘汰も存在する——ある種のミームは関心をとらえ、忠実に記憶されてほかの人間に伝えわたされるのに対して、まったくコピーされることのないミームもある。そして、ミームが伝えわたされていくとき、そのミームのなかの思想や行動の一部が保持されている——模倣あるいはコピーあるいはお手本による学習と呼ぶためには、もとのミームの何かが保持されていなければならない。したがってミームは、ドーキンスの自己複製子の概念およびデネットの進化的アルゴリズムに完璧に適合する。

単純な物語を実例として考察してみよう。電子レンジのなかのプードルの話を耳にしたことがおありだろうか。その物語によれば、一人のアメリカ婦人はいつもプードルの体を洗ったあとそれをオーブンで乾かしていたという。彼女がブランドものの新しい電子レンジを手に入れたとき、同じことをして、哀れなそのイヌに、痛ましい不慮の死をもたらすことになった。そこで彼女は「このオーブンでプードルを乾かしてはいけない」という警告をしていなかったという理由でメーカーを訴えた——そして勝訴したのだ！

この話はあまりにも広くに知れわたっていて、何百万というイギリス人が耳にしている——しかし、「レンジのなかのネコ」や「レンジのなかのチワワ」といった別のヴァージョンを聞いているかも知れない。たぶんアメリカでも。この婦人がニューヨーク出身だったりカンザスシティ出身だったりする同じようなヴァージョンがあるかもしれない。これは「都市伝説」の一例で、それが事実であるか否かにかかわりなく、独自の価値または重要性をそなえた生命を帯びるのである。この話はたぶん事実ではないだろうが、真実であることは必ずしも成功するミームの規準とはならない。ミームは拡まることができるのであれば、拡まっていくだろう。

このたぐいの話は明らかに受け継がれたものである——何百万人が偶然に同じ物語をつくりあげるということはありえないし、話の筋書きが少しずつ変わっていくその変化の仕方を使って、どこでこの話がはじまり、どのようにして拡まったかを示すこともできる。そこには明らかに変異がある——元の話がどれか認識できたとしても、誰もが同じヴァージョンを聞いたわけではない。最後に、そこには淘汰がある——何百万という人間が何百万という物語を語っているが、その大部分は完全に忘れ去られ、ごくごく少数のものだけが都市伝説の地位を獲得する。

新しいミームはどこからくるのか？　それは古いものの変異や組み合わせを通じて現れる——一人の人間の心の内でか、あるいはミームが人から人へ受けわたされるときかのいずれかで。そこで、たとえば、プードルの話は、人々がすでに知っている言い回しとすでにもっている観念を、新しいやり方で一緒にすることででっち上げられる。そのあと、人々はそれを記憶し、ほかの人へ伝えていき、この過程で変異が起こる。発明、歌、芸術作品、科学理論についても同じことが言える。人間の心は豊かな変異の源泉である。思考する際、私たちはさまざまな考えを混ぜ合わせ、あれこれいじくって新しい組み合わせをつくりだす。夢のなかでは、さらにいっそう混ぜ合わされ、突飛な——そしてときには創造的な——結果を生じる。人間の創造性とは変異と組み合わせの過程なのである。

思考について考えるとき、あらゆる思考がかならずしもミームではないということを忘れてはならない。原理的に、私たちの直接の知覚と情緒は、自分だけのものであり、他人に伝えわたすことがないがゆえに、ミームではない。誰か他の人からコピーした観念を使うことなく、記憶から美しい場面を想像したり、性や食べ物について夢想することもある。さらには、他人から得たいかなるミームも使うことなく、何事かについてのまったく新しいやり方を思いつくことさえ、原理的にはありうる。けれども実際上は、私たちはあまりにも多くミームを使っているために、私たちの思考の大部分はどっちみちミームの影響を受けているのである。ミームは私たちの思考のための道具になっているのだ。

人間の思考（実際にはあらゆる思考）それ自体が、別のダーウィン主義的過程に依存しているかもしれない。学習をダーウィン主義的過程として扱おうとしたり（たとえば、Ashby 1960; Young 1965）、脳を「ダーウィン機械」として扱おうとする（Calvin 1987,1996; Edelman 1989）多くの試みがある。また、創造性と個人的学習が淘汰過程であるという考えも新しいというにはほど遠い（Campbell 1960; Skinner 1953）。けれどもこういった考えはすべて、まったく一つの脳の内部だけで起こる過程に関するものであるのに対して、ミームは一つの脳から別の脳へ飛び移る自己複製子なのである。ダーウィン主義的原理は脳の機能や発達の多くの側面に適用できるだろうし、そのことの理解は非常に重要だろう。しかし、本書はまさにミーム学についてのものなのだ。

あるミームが成功し他のミームが失敗する理由はいろいろある。そういった理由はおおまかに二つのカテゴリーに分けることができる。第一に、模倣と淘汰をおこなう人間の性質がある。ミーム学的な観点からすれば、人間（賢明に思考する脳をもつ）は自己複製機械としての役割とミームの淘汰環境としての役割の両方を演じている。なぜ、そしていかにしてこれが作動するかを理解するのに、心理学が助けを与えることができる。私たちの感覚系には、ある種のミームはすぐわかるのに他のミームはそうではないようにしている特性や、ある種のミームに脳の情報処理能力を乗っ取らせてしまう注目［心理学でいう注意］というメカニズムや、どのミームがうまく記憶されるかを決めている人間の記憶の性質、そして私たちの模倣能力の限界などが存在する。この事実はミームの運命を理解するのに適用できるし、これからしてみるつもりだが、それは、ミーム学というよりはむしろ心理学や生理学の領分といった方が適切だろう。

もう一つのカテゴリーは、ミームそれ自体の性質に関するもので、それが用いているトリック、それらを寄せ集める方法、そしてある種のミームがほかのミームより優遇されてきた一般的なミーム進化の過程などである。これらは心理学によってこれまで研究されたことがなく、ミーム学の重要な一面である。

これらの理由をすべて総合すれば、なぜあるミームは成功し、その他のミームは失敗したか、なぜある話は飛びまわるのに、他の話は一度だけ語られるだけで二度と語られることがないのかを、理解できるだろう。このほかの例として、料理のレシピ、衣服のファッション、インテリアデザイン、建築のトレンド、政治的正義のルール、あるいはガラス瓶のリサイクルの習慣などがある。これらすべては人から人へコピーされ、模倣によって拡まる。コピーの過程でわずかな変異が生じ、あるものはほかのものより頻繁にコピーされる。これが、私たちが役に立たない熱狂的流行に染まり、順調に進むとはけっして思えないうまい思いつきを受け入れる理由である。ミームを自己複製子として認めることに何の疑問の余地もないと私は思う。このことは、ミーム的進化が避けられないものであることを意味する。いよいよ、それについて理解しはじめるときがきた。

ミームと遺伝子は同じではない

ここで一言注意しておく必要があるだろう。私はミームが自己複製子であり、その意味で遺伝子に相当するものだと説明してきた。けれども、ミームがその他の面でも遺伝子と似ている場合にしか機能しないと考えてしまう落とし穴に陥ってはならない。断じてそうではない。遺伝学はここ数十年のうちにみごとに開花し、特定の遺伝子を突きとめ、ヒトの全ゲノムをマップにし、さらには遺伝子工学さえおこなえる地点まで到達した。こうした理解のすべてから得られた洞察のあるものはミームの理解の助けにはなるかもしれないが、逆にあるものは、私たちをただ誤らせるだけかもしれない。

さらに、遺伝子は考慮すべき他の唯一の自己複製子というわけでもない。たとえば、私たちの免疫系は淘汰（クローン選択）によって働くことが現在では知られている。イギリスの心理学者ヘンリー・プロトキン（Plotkin 1993）は、脳と免疫系をともに「ダーウィン機械」と呼び、その普遍的ダーウィン主義の研究において、一般的な進化理論を、科学の進化を含めた多くの他のシステムに適用している。いずれの場合にも、システムの進化の仕方を理解するために自己複製子とヴィークル（あるいはハルの表現を用いれば、自己複製子、相互作用子および系譜《リネージ》）という概念を適用することができる。

私たちは次のように考えるべきなのだ――進化論は自己複製子間の競合によってデザインがいかにして生み出されるかを記述している。遺伝子は自己複製子の一つの例であり、ミームはもう一つの例である。進化の一般理論はその両方に適用されなければならないが、それぞれの自己複製子がどのように作用するかの細部はまったく異なるかもしれない。

この関係は、ミームの概念が発明されるよりずっと以前に、アメリカの心理学者ドナルド・キャンベルによって明確に理解されていた（Campbell 1960, 1965）。彼は、生物進化、創造的思考、および文化的進化はお互いによく似ており、その理由は、それらがすべて複製される単位のあいだにでためな変異が存在し、一部の変異が他の変異の犠牲のうえに選択的に保持されるという進化的なシステムだからであると主張した。非常に重要なことに、彼は文化的な累積とのアナロジーは生物進化それ自体（per se）からではなく、むしろ進化的変化の一般モデル（生物進化はその一例にしかすぎない）に由来すると説明する。ダーハム（Durham 1991）はこの原理を「キャンベルの規則」と呼んでいる。

ミームと遺伝子を比較するときには、「キャンベルの規則」を思い出す必要がある。遺伝子はタンパク質をつくるための指示であり、体の細胞にたくわえられ、生殖にさいして伝えわたされる。遺伝子の競合が生物界の進化の原動力である。ミームは行動を実現するための指示であり、脳（あるいはその他の物体）にたくわえられ、模倣によって伝えわたされる。ミームの競合が心の進化の原動力である。遺伝子もミームもともに自己複製子であり、進化論の一般原理に従わなければならない。その意味では同じである。それを超えたところで、両者は非常に違っているかもしれず、また実際に違っている——両者はアナロジーのみによって関連しているのである。

何人かの批判者たちは、ミームが遺伝子と似ていない、あるいはミームという概念全体が「空疎なアナロジー」にすぎないということを根拠に、ミーム学の思想全体を退けようと試みてきた。今や、私たちはこういう批判がなぜ見当違いであるかを理解できる。たとえばメアリー・ミッジリー（Midgley 1994）はミームを、独自の意義をもちえない「神話的な実体」、「空疎で誤解を招く比喩《メタファー》」、「役に立たず、本質的に迷信的な意見」と呼んでいる。しかしミッジリーは自己複製子が力あるいは「独自の意義」をもっていると言えるあり方を誤解しており、したがって彼女は進化理論の強さと普遍性を単に見落としているだけなのだ。ミームは遺伝子がそうでないのと同じように「神話的な実体」などではない——遺伝子はＤＮＡ分子の暗号で書かれた指示である——。ミームは人間の脳に、あるいは書物、絵画、橋、あるいは汽車といった人工物に埋め込まれた指示である。

ラジオ討論で、スティーヴン・ジェイ・グールドはミームという概念を「意味のない比喩《メタファー》」と呼んだ（もっとも私には、人が意味のない比喩を本当に用いることができるとは思えない！）。彼はさらに進んで、思想や文化が進化できるとする考えそのものを退け、「私は〈文化的進化〉という用語が使われなくなることを切に望む」と訴えさえするが（Gould 1966a, pp.219-20）、私はそうはならないと思う。なぜなら、文化は実際に進化するからだ。

グールドはミームと遺伝子はアナロジーあるいは比喩によって関連づけられているがゆえに、比較することで私たちがどういうわけか生物学的進化にひどい仕打ちをしていることになると考えているように思われる。またしても彼は、両者はいずれも自己複製子であるが同じ形で作用する必要がないという点を見落としている。

ミームという概念は、科学におけるアナロジーの使い方として最高の例だというのが、私の個人的な見解である。つまり、一つの領域における強力なメカニズムがまったく新しい領域で、わずかに異なったやり方で働いているのがわかるのである。アナロジーとしてはじまったものが、最後には新しい強力な説明原理となったのである。この場合、あらゆる科学のなかでもっとも強力な思想――自然淘汰という単純な過程による生物的多様性の説明――が、ミーム淘汰という単純な過程による精神的、文化的多様性の説明となったのである。全体を包括する進化の理論が両方の説明に対する枠組みを提供するのである。

「キャンベルの規則」を念頭に置くことによって、今や私たちはミームの進化の理解を試みるという仕事にとりかかることができる。遺伝子をアナロジーとして使うことはあっても、あまりにも緊密な比較を期待してはならない。それよりむしろ、私たちは、ミームがどのようにして作用するかの理解に行きつくために、進化理論の根本的な原理に頼らなければならないのである。

私の真似《コピー》をせよ！

「私の言う通り復唱せよ！」――あるいは「私の真似をせよ！」――あるいは「私の言うことを繰り返せ！」という文章のどこが特別なのだろうか。

これらは自己複製する文章の単純な（おそらく考えられるかぎりもっとも単純な）実例である。そのまさに要点は、自らがコピーされるということである。これらの文章はまちがいなくミームである――しかし、たぶんあまり有効なものではないだろう。それを聞いたあなたがすべての友人に向かって「私の言う通り復唱せよ」と叫びはじめるとはとても思えないが、ある種のトリックをこの単純な文章に付け加えると、コピーされる効率が改善されることはある。ホフスタッターは（Hofstadter 1985）、『サイエンティフィック・アメリカン』誌の月例コラムで、「超魔術的テーマ」と題してそのような「ウイルス文章」について書いており、読者からはもっとたくさんの実例が寄せられた。「もしあなたが私の真似をすれば、三つの願いをかなえてあげましょう」あるいは「私の言う通り復唱せよ。そうしなければ呪いをかけるぞ」を取り上げてみよう。どちらもことば通り約束を守れるとは思えず、五歳以上であれば、こんな無邪気な脅しや約束にだまされる人間はほとんどいないだろう。はっきり「死後の世界で」という一節を付け足さないかぎり――と、ホフスタッターは付け加える。

実際のところ、私たちの多くがそのような文章に初めて出会うのはおよそ五歳くらいのときが多い。六人の名前が載ったリストがあって、その最初の人にはがきを送るように私に指示した手紙を郵便で受け取ったときの興奮を私は今でもよくおぼえている。私は自分の名前と住所を一番下に書き、さらに六人の人に新しいリストを送るようにさせられた。それは、私がたくさんのはがきを受け取るだろうことを約束していた。私がその仲間に入ることを母が妨げたか、そうでなかったのかはおぼえていない。母は、私のミームに対する免疫系がまだ十分に発達していないことを認識するほどの賢明さはあっただろうが、そんなやり方はしなかっただろう。はがきが殺到したという記憶がないのはまちがいない。

この状況はいってみれば、約束（はがき）とそれを次の人に送れという指示だけからなる比較的無害な幸福の手紙（chain letter）であった。最悪の場合でも、私は七枚の切手と一枚のはがきを無駄にするだけだったであろう。二～三枚のはがきは受け取ってさえいたかもしれない。多くのものはもっと悪質で、マルチ商法のやり口のように、人々の財産を奪ってしまうことがある。そのようなくだらないやり口はいずれ消滅してしまうと思う人がいるかも知れないが、なかなかそうはいきそうにない。ごく最近にも私は次のような電子メールを受け取った。「このスクラッチ籤《くじ》［こすって当たりはずれをみる］をやってみたいとは思いませんか」（私は思わない）、「六枚の籤を数千倍にする方法をおぼえたいとは思いませんか」（とくには思わない）、「毎月全米各地からのスクラッチ籤を受け取るでしょう！　それを集めるだけでも楽しめるし、$$$大当たり$$$を目指してこすってもいい。あなたにそんなことができるようにセットするウェブ上の無料サービスがあります」。人々は本当に参加するのだろうか。参加するに違いないと私は思う。

これらはすべて、一緒に複製される一群のミームの例である。ドーキンスはそのようなグループを「相互適応したミームの複合体」と呼ぶが、この表現は最近省略されて「ミーム複合体」になった(Speel 1995)。ミーム学の業界用語《ジャーゴン》はきわめて急速に変化しており、その多くはあまりにもいいかげんにしか考えられておらず、しばしばまちがった使い方をされるため、私としては使うのをつとめて避けるつもりである。けれども、「ミーム複合体」は重要な概念を表す便利な用語なので、私が採用する数少ない新造語の一つである。

もちろん、遺伝子もグループで動きまわる。遺伝子は染色体のなかに凝集しており、染色体は細胞内で寄り集まっている。おそらくより重要なのは、一つの種の遺伝子プール全体が、相互に協力しあう遺伝子たちの一グループとみなせることだろう。理由は単純である。自由に漂っているＤＮＡの断片は効率よく自らを複製させることができない。何十億年の生物学的進化ののち、地球上のＤＮＡの大部分は実際に、その生存環境である生物体内で遺伝子として非常にうまくパッケージされている。

もちろん、まれには「跳躍遺伝子」や「無法者の遺伝子」そして、ほかのDNAにヒッチハイクする利己的なDNAの小さなかけらもあるし、ほかの大きなグループの複製機構を利用する微細なグループであるウイルスも存在する――しかし、全体として、遺伝子がともかくも動きまわるためにグループは必要なのである。

ここから単純にアナロジーを引き出し、ミームも同じようにふるまうはずだということもできるが、進化理論の基本に立ち戻る方がいいだろう。いま二つのミームを想像していただきたい。一つは、「スクラッチカードを一枚xに送る」もう一つは、「多額の金を勝ち取る」である。前者の指示はそれだけでは人を従わせることはむずかしいだろう。後者は魅力的だが、どうすればいいのかの指示が含まれていない。一緒になって、そしてほかに適切な共同ミームが加わって、両者は人々を従わせる――そしてそのパッケージ全体を再びコピーさせる――ことができるように見える。どんなミーム複合体でもその本質は、その内部にいるミームがそのグループの一部として、単独でいる場合よりも効率よく複製されるということにある。これからおいおい、ミーム複合体のもっと多くの実例に出会うことになるだろう。

これまで考察してきた単純な自己複製ミーム・グループは、コンピューターとインターネットの出現によって大きな後押しを与えられてきた。コンピューター・ウイルスは明瞭でしかもよく知られた例である。これはユーザーからユーザーへと飛び移ることができ、ユーザーの数は（少なくとも今のところは）増え続けている。それは広大な距離を高速で飛び越え、そのあと安全で堅固なメモリーバンクのなかで眠っていることができる。しかしながら、それは「私を真似せよ」という単なるあからさまな指示ではない。ウイルスは最初に入り込んだコンピューターの全メモリーを動けなくしてしまうことに成功するかもしれないが、そこからさらに先に進む方法をもっていない。それゆえウイルスは、自らの生存を促進する共同ミームをもっていないのだ。ウイルスは人々がディスク上の友人に送る電子メールのプログラムのなかに潜んでいる。あるものは到達したマシーンのごく小さな部分だけを感染させることによってただちに感知されることを免れ、またあるものは偶然によって始動する。あるものは特定の時間になったときだけ急に動き出すように自らをメモリーのなかに埋め込む。一九九九年の一二月三一日の夜一二時に多くのことが起こると予想していいかもしれない――「二〇〇〇」年にコンピューターが対応できないという差し迫った問題とはまったく別に。

あるものは、コンピューター画面のすべての文字がページの底に落ちてしまうといったまったくふざけた効果をもつ――ユーザーは痛烈な影響を受ける――が、あるものは、ネットワーク全体が動けないようにし、何冊分もの本や博士論文をぶち壊した。私の学生たちは最近、Ｗｏｒｄ６・０というワープロの「論文《テージズ》」と呼ばれるフォーマット・セクションにすむウイルスに遭遇した――そのウイルスはあなたの何年がかりもの論文がほとんど書き終わりかけたときに感染するようあなたを誘惑する。今や、自動的なウイルス・チェックによってネットワークが保護されているのも不思議ではなく、アンチ・ウイルス・ソフト――情報圏《インフォスフィア》のための投薬――が大増殖している。

インターネット・ウイルスは比較的新しく登場したものである。私はかつて、一度も会ったことのない人からの非常に親切な警告に見える「ペンパル・グリーティング（挨拶）」を受け取ったことがある。それには「〈ペンパル・グリーティング〉というタイトルのいかなるメッセージもダウンロードしないように」とあり、さらに続けて、もしこの恐ろしいメッセージを読めば、「トロイの木馬」ウイルスを招き入れることになり、そいつが私のハード・ディスク・ドライブのあらゆるものを破壊し、そのあと、メール・ボックスにあるすべての電子メール・アドレスにそれ自身を送りつけるだろうと警告していた。私のすべての友人と世界中にひろがるコンピューター・ネットワークを守るために、私は迅速に行動し、彼らに警告を送らなければならなかった。

あなたは見抜けましたか？　ここで述べられているウイルスは意味をなさない――そして実在しないのだ。真のウイルスは警告である。これは非常に頭のいいミーム複合体で、脅迫と利他的行動への訴えの両方を使って、あなた――愚かで、思いやりのある犠牲者――にその警告を伝えさせる。それが初めてということはなく、「Good Times」や「Deeyenda Maddick」も同じ手口を使っていた。「Join the Crue」はそれよりわずか実害があるもので、「returned または unable to deliver と言われたメールは開いたり読んだりしないように。このウイルスはあなたのコンピューター部品を攻撃し、使えなくしてしまう。ただちに削除すべし……治療法はない」と警告する。この手口を知らない人はおそらく誰でも、アドレスが変わったり、電子メールが一時的に使えなくなっていた人々に送ったそういったたぐいのメールをすべて削除してしまうだろう。ほんの小さな断片の自己複製コードが、人間とコンピューターの組み合わせを自己複製機構として使うことによって、人を困らせるような結果を引き起こすことができるのだ。

次に何が起こるだろう。こうしたウイルスに慣れるにつれて、人々は警告を無視することを学習するかもしれない。したがって、ウイルスのもともとの原型は失敗しはじめるだろうが、それは、人々が注意を払うべき警告を無視しはじめるといった、さらに悪いことを招くかも知れない。しかし、その場合でもまた、ふつうの古めかしい幸福の手紙がまだ有効なのであれば、おそらく事態はそう急速に変わることはないだろう。

ウイルスに関するこういった話のすべては、なぜコンピューターのある暗号の断片をウイルスと呼び、ほかのものをコンピューター・プログラムと呼ぶのかという疑問をかきたてる。本来的に、両方ともコードの系列、何ビットかの情報あるいは指示にすぎない。もちろんこのことばは、アナロジーによって生物学上のウイルスから直接にとったものであり、これらの少量のコード（遺伝暗号）の拡がり方についての同じ直感に基づいているのだろう。その答えは、それらが与える害――実際、あるものはほとんど何も害を与えない――よりもむしろ、その機能に関係している。それらは自らの複製以外には何の機能ももっていないのである。

細菌はウイルスよりは複雑で、害をなすだけでなく、はっきりと役にたつこともある。たくさんの細菌が人間および他の動植物と共生関係を保っている。多くのものが私たちの体内で重要な仕事をしており、協力しあって他の生き物のために特別な食物をつくってきたものもいる。ウイルスは自らを複製する以外のことをほとんど何もしない。それも、ほかの生物の複製機構を盗むことによってだけである。したがって現代のかなり単純なコンピューター・ウイルスとの比較は当を得ているのである。

コンピューターの細菌に相当するものをつくったらどうだろうか？　おそらくそれは、コンピューター・システムに侵入してデータベースのアップデートやエラーの検証のような仕事をしながら動きまわらせるために意図的に用いられるある種の既存のプログラムにこそふさわしい用語であろう。ドーキンスは（Dawkins 1993）、多くのコンピューターに侵入することによって市場調査を実行し、しかるのちときおりその出発地点にコピーを持ち帰り、ユーザーの流儀に基づいた役に立つ統計を提供するような有用な自己複製プログラムを想像している。単純なロボット・プログラムすなわちボット（bot）が、混雑した通信ネットワークを徘徊し、混雑状態が最悪と最善の領域についての情報を提供する足跡を残していったり、ゲームや仮想環境における人間のユーザーを模倣したりするために、すでに設計されている。そのような単純な生き物が集団としてまとまり、まさに遺伝子がしてきたような強力なグループをつくることがあるだろうか？

このような考えは、生物学的なウイルスとのアナロジーをほんのわずか先まで延長するように思われるが（そして、この種のアナロジーには非常に慎重でなければならない）、自己複製子にはその有用性に関して変異があるということを強く思い起こさせる。明らかにほかのシステムの複製資源を盗んで、もっぱら自らの複製のために活動しているもの――とくに、それが当のシステムに害をなす場合――を、私たちはウイルスと呼ぶのである。それが私たちにとって有益なものである場合には、ふつう別の名前が与えられる。

まさに同じことを心の世界で見ることができる。ドーキンス（Dawkins 1993）は、宗教やカルト――コピーさせるためのあらゆる巧妙な手口を用いて膨大な数の人々のあいだに拡まり、それに感染した人々に悲惨な結果をもたらしうる――のようなミーム複合体に適用するために「心のウイルス」という言葉を造語した。子供たちのゲームや熱狂は伝染病のごとく拡まるが（Marsden 1998a）、ドーキンスは、世慣れた大人が簡単に拒絶できるような「心の伝染病」に子供は抵抗力がないのではないかと述べている。彼は科学のような有益なミーム複合体をウイルス的なものから区別しようと試みた――この問題については、のちに立ち戻るつもりである。

このテーマは、リチャード・ブロディの『心のウイルス』（一九九六）やアーロン・リンチの『思想の伝染』（一九九六）などのミーム学に関するほかの一般向けの本で取り上げられてきた。この二書はいずれもミームが社会にどのようにして拡がっていくかについての多数の実例を提供しており、またより危険で有害な種類のミームを重視している。今や、ウイルスという概念が、生物学、コンピューター・プログラム、および人間の心という三つの世界すべてに適用できることがわかった。その理由は、これら三つのシステムがいずれも自己複製子を含んでおり、そのなかで役に立たず利己的な自己複製子を特別に「ウイルス」と呼んでいるということである。

しかし、もしミーム学の理論が正しければ、ウイルスだけがミームではないから、ミーム学が心のウイルスの科学になってしまってはいけない。実際、圧倒的多数のミームは（圧倒的多数の遺伝子と同じように）、まったくウイルス的とみなすことができないからである――それらは、まさに私たちの心の素材《スタッフ》なのである。私たちのミームは私たちなのである。

デネットによれば、私たちの心や自己はミームの相互作用によってつくりだされる。ミームは遺伝子に似た自己複製子で（しかもデネットの進化的アルゴリズムに完璧に適合した）あるばかりでなく、人間の意識それ自体がミームの産物である。彼は、私たちの脳に入り込むことをめぐるミーム間の競合がいかにして、私たちをこのような種類の生き物につくりあげたかを示した。彼が指摘しているように「あらゆるミームが頼りにできる到達すべき安息の地は人間の心である。しかし、人間の心そのものは、ミームたちが自分により都合の良い生息環境にするために脳を再構築するときにつくりだされる人工物なのである」（Dennett 1991, p.207）。

この見方にたてば、ミーム学の有効な理論なしには、人間の心の性質と起源について理解することはとても期待できない。しかし、その理論の構築に着手する前に、観念の進化を記述するといういくらかの予備的な試みを検討してみたい。ミーム学の特別な貢献を理解するためには、ミーム学の理論が他の文化的進化の理論とどのように違っているかを理解する必要がある。

3 文化の進化

ダーウィン主義の歴史がはじまった初期から、生物学的な進化と文化の進化とのあいだにアナロジーが引きだされてきた。ダーウィンの同時代人ハーバート・スペンサーは文明の進化を研究し、それを、ヴィクトリア朝英国のような理想的なものに向かう進歩であると見なした。ルイス・モーガンの社会進化理論には、野蛮、未開、文明の三つの段階が含まれていた。歴史家アーノルド・トインビーは、進化論的な観念を用いて三〇以上の異なる文明のうちあるものが別の文明に由来し、あるものは絶滅したことをつきとめた。さらにカール・マルクスさえ、社会の分析において進化論的なアナロジーを用いた。ダーウィンの五〇年後に、アメリカの心理学者ジェームズ・ボールドウィンは自然淘汰が生物学の単なる一法則ではなく、生命と心についてのあらゆる科学に適用できるものであるという、普遍的ダーウィン主義の初期のヴァージョンを語った(Baldwin 1896)。そして、模倣および指示によって個人が社会から学習していくやり方を記述するために「社会的遺伝」という用語をつくった。

いくつかの面で観念と文化が進化する——つまり、変化が漸進的で、過去にあったものの上に構築される——のは明らかである。観念は一つの場所から別の場所へ、一人の人間から別の人間へ拡がる

(Sperber 1990)。発明は何もないところから湧き出たりはせず、それ以前の発明に依拠している、などなど。けれども、真の意味でのダーウィン主義的な説明には、単に時間をかけて変化が蓄積されていくという考えだけでなく、それ以上のものが必要である。以下に見るように、文化的進化のいくつかの理論はこの考え方をほとんど超えていない。それ以外のものも、メカニズムを特定しようと試みてはいるが、やはり唯一の原動力として生物学的な進化に立ち戻ってしまっている。ほんの二～三の理論のみが、ミーム学と同じく第二の自己複製子という概念を含んでいる。この概念こそが、ミーム学をこれほど明瞭で強力なものにしているものなのだ。ミーム学の理論のまさに要点は、ミームを独立した自己複製子として扱うことにある。これは、遺伝子のではなくミームの複製のために、ミーム淘汰が観念の進化を駆動するということを意味する。この点が、従来の大半の文化的進化の理論からミーム学を分かつ大きな相違である。

言語は文化的進化の好例を提供してくれる。ダーウィンは種と異種言語とのあいだの平行現象を指摘している。「私たちは個別言語のあいだに、由来の共通性による驚くべき相同と、似たような形成過程をもつことによる類似とを見いだす。……一つの言語は、種と同じように、いったん絶滅すると、けっして……再びあらわれることはない」(Darwin 1859, p.422)。彼はまた、生存をめぐって競合する単語についても語っている。ダーウィンはおそらくイギリスの判事ウィリアム・ジョーンズ卿の業績を知っていたのだろう。卿は一七八六年に、サンスクリット語、ギリシア語、ラテン語のあいだの驚くべき類似性を発見し、これら三つの言語がすべて一つの共通の源から生じたものに違いないと結論した。しかしダーウィンは、多くの言語が彼の生きているあいだに死滅していくのを見ることはできなかったし、どれだけ多くの言語が今や脅威にさらされているかを知っていたはずもありえない。

最近の推計に基づけば、北米インディアンの言語のおよそ八〇％は主として成人のみによって語られており、したがってこれらの成人が死んだときには絶滅する可能性が高い。同じように、オーストラリア先住民の言語のおよそ九〇％と、世界中のおよそ五〇％の言語が消滅する運命にある（Pinker 1994）。

現在では、比較言語学者が類似と差異の詳細をことこまかに分析している。彼らはしばしば、音節の脱落や発音の推移などの多様なタイプの変化を通じて単語の語源をたどることができる。こうして、さまざまな言語の進化的な歴史を正確に跡づけることができる。ＤＮＡの違いに基づく遺伝学的な系統樹に匹敵するような言語の系統樹が構築されている。また、すべての民族移動の歴史も、今日残っている言語から推定することができる。たとえばアフリカでは、現存する一五〇〇以上もの言語が、主として異なった人種集団によって語られるたった五つの主要言語グループに分類され、その分布から、過去においてどの集団がどの集団を打ち負かしてきたかが明らかになる。残っている少数の単語から、ピグミーがかつて独自の言語をもっていたが隣接する農耕種族の言語の採用を強いられたのであり、聖書やイスラムの言語であるセム語は中近東ではなくアフリカに起源をもつものであると推論できる。アメリカの心理学者で進化生物学者のジャレド・ダイアモンドは（Diamond 1997）、過去一万三〇〇〇年を通覧したその見事な人類史の一部として言語分析を用いている。彼は言語がそれを語る民族とともにどのように進化するかを説明するが、新しい進化過程において言語がもつ自己複製子としての要素については考慮していない。

スティーヴン・ピンカーは、その著『言語を生みだす本能』（Pinker 1994）において、言語の発達にはっきりと進化的な思考法を適用し、遺伝性、変異および一連の変異の蓄積を許す隔離の影響について考察している。しかしながら、彼は言語の進化を理解するために利己的自己複製子という観念を用いていないし、そもそもなぜ言語が進化したかについて説明もしない。おそらく、その答えがあまりにも自明――すなわち生物学的に適応的だ――に思われるからだろう。しかし、やがて見るように、これは必ずしも正しい答えではなく、ミーム学はこの議論に新しい展開をもたらすことができる。

ミームとしての発明

もう一つの実例は発明の伝播である。おそらく人類の歴史におけるあらゆる「発明」のなかで最も重要なものは農耕の発明であろう。細部にわたっては今なお多くの議論があるものの、考古学者たちは、およそ一万年前にはすべての人類が狩猟と採集によって生活していたという点でおおむね意見が一致している。その周辺の時代のものとされる中東地域の出土物のなかに、野生の近縁種よりも大きな穀類、近縁種より小さくておそらく家畜化されていたと思われるヒツジやウシが含まれている。やがて農耕は大きなうねりとなって拡まり、四五〇〇年ほど前には、アイルランドやスカンジナビアのような場所まで到達した。食糧生産が何回くらい独立に出現したか確かなことはわからないが、おそらく少なくとも五回、たぶんそれ以上あったのだろう（Diamond 1997）。

ダイアモンドは、なぜ世界のある地域にすむ一部の民族が最終的にあらゆる品物――食糧生産から銃、病原菌から鋼まで――をもつに至ったのに、ある民族はいまだに狩猟採集で終わっており、またその他の民族はすっかりこの世から消滅してしまったのかというまったく頭の痛い疑問を探求する。彼の答えは、その民族そのものの生得的な能力にはほとんど関係がなく、すべては地勢と気候に関係しているというものだった。食糧生産とそれに付随する技術は、東西の軸をもつヨーロッパで容易に伝播することができたが、南北軸、劇的な気候の変異、砂漠や山岳地域をもつ南北両アメリカでは、簡単に拡がることはできなかった。オーストラリアでは、そこへ到達した最初の人類が見つけた人怖じしない生き物たちを消滅させてしまったあと、家畜にできるような適当な動物がいなかった。ニューギニアなどのほかの島では、あまりにも山が多く環境が変化に富んでいるため、ある場所で適切な技術がほんの数マイル先ではもう適切でなかったりする。このたぐいの分析によって、ダイアモンドはいかにして農耕が拡まり、その結果として、複雑な社会をもたらしたかの理由を説明した。

しかし、なぜそもそも農耕は拡まったのか。答えは明らかなように思えるかもしれない——たとえば、農耕は生活を楽にもしくは幸福にするとか、あるいはそれを実践する人々に遺伝的な利益を与えるとか。

実際には、農耕は生活を楽にするとは思えないし、栄養状態を改善するとも、病気を減少させるとも思えない。イギリスの科学ライター、コリン・タッジは（Tudge 1995）農耕を「エデンの終り」と表現している。楽になるよりむしろ、初期の農耕民の生活は極度に悲惨であった。太古のエジプト人の骨格はどんなに恐ろしい生活であったかを物語っている。足指と背骨は、パンをつくるために穀粒をすりつぶさなければならなかったために変形していた。彼らはくる病および両顎に恐るべき膿瘍の徴候を示していた。おそらく三十歳以上まで生き延びるものはほとんどいなかった。旧約聖書の物語は農夫の骨の折れる作業について述べており、何といっても、アダムはエデンの園から追放され、「汝は顔に汗してパンを食らう」と告げられたのだ。これとは対照的に、現代の狩猟採集民は一週間のうち約一五時間しか狩りに費やさず、娯楽のための時間をたっぷりもっていると推定されている。

現在の狩猟採集民が私たちの祖先がおそらくすんでいたと思われる環境よりもはるかに粗悪で辺鄙な環境に追いやられているという事実にもかかわらず、そうなのである。なぜ世界のいたるところの民族は、辛くて骨の折れる暮らしのために安易な生活を捨てたのであろうか。

タッジは「農耕は自然淘汰によって選り好みされたがゆえに生じた」(Tudge 1995, p.274) と考え、したがって、遺伝的な利益を探し求める。彼は、農耕は与えられた面積の土地からより多くの食糧を生産するから、農耕民はより多くの子供を産み、彼らがやがて隣接する狩猟採集民の土地に侵入し、その生活様式を破壊してしまうのではないかと示唆している。こういう理由で、いったん農耕が訪れると、「私は古い生活様式を守りたい」と贅沢を言っている余裕は誰にもなくなる。けれども、初期の農耕民の骨格から、彼らが栄養不良で病気がちだったことがわかっている。だとすれば、本当にそこに遺伝的な利益があったのだろうか。

ミーム学は違った問い方を可能にしてくれる。つまり、なぜ農耕はミームとして成功したのかと問うのである。言い換えれば、いかにしてこれらの特殊なミームは自らをコピーさせたのか？　その答えには、それが人間の幸福や人間の遺伝子に与える利益も含まれるかもしれないが、そういう可能性だけとは限らない。ミームは、あまり良性とはいえないものも含めた、ほかの理由でも拡がることができる。実際にはそうでない場合にさえ利益を与えるように見えるから、人間の脳によってとりわけ簡単に模倣されるから、あるいは、淘汰環境を競合するミームにとって不利になるよう変えてしまうから、などなどの理由でミームは拡がることがあるかもしれない。ミームの視点をもって、私たちは発明がいかにして人間の幸福や人間の遺伝子に利益を与えるかではなく、いかにしてその発明がその発明自身に利益を与えるかを問うのである。

より現代的な技術に話を転じれば、車輪の発明から自動車のデザインまで、技術革新が先行技術から生じるという意味で進化するという証拠はどっさりある。ジョージ・バサラは、『技術の進化』（Basalla 1988）において、ハンマー類、蒸気機関、トラック、トランジスターが出現した道筋についての進化論的な説明を展開している。彼は英雄的な発明家の重要性を軽視し、模倣と変異を通じての漸進的な変化の過程を重視する。たとえば、木造建築の多くの特徴がギリシア人によって石で再現されていた。一七七〇年代の末に建造された最初の鉄橋は、木組みの建造法をモデルにしていたし、粗末なプラスチック・バケツさえしばしばもとの金属製バケツの痕跡を示している。トランジスターは段階的な改良を経てようやくミニチュア化されていったのであり、電波信号は非常に細かな段階的改善を経てしだいしだいに遠くまで伝達されるようになっていったのである。

バサラは、技術が「人類の進歩」や「人間という種族の全般的な向上」といった何らかの崇高な目標に向かって前進させるという考え方に疑問を呈する（Basalla 1988）。彼は、真のダーウィン主義的なスタイルで、技術が現在の状況から、非常に限られた特別な目標をもってのみ発達するものであるとみなし、私たちが技術的進歩という幻想全体を捨て去ることを提案する。しかし私はここで、「進歩」ということばについてもう一言注意を付け加えておきたい。このことばは少なくとも二つの違ったやり方で用いることができる。一つは何らかの目標または目的に向けての進歩を意味し、もう一つは、単なるデザインの増加、複雑さの増加のみ、あるいは特定の本来的な目標ないしは到達点をもたない何らかの継続的な発展を意味する。バサラはグールドと同じように、この二種類の進歩をいずれも退けるが、私は前者のみを退けたい。今日の技術は一万年前よりはるかに精巧で複雑なものであり、これが第二の種類の進歩である。しかし、何らかのあらかじめ決定された目標や究極の目標に向かっての進歩は存在しない。石斧からファックス機器へ進む必要はない——石斧から何かより精巧なもの、よりすぐれたデザインで今までにないものへ向かわなければならないだけである。デネットの用語法で言えば、可能な人工物の〈デザイン空間〉への絶えざる探求が存在しつづけてきた。ドーキンスの用語法で言えば、技術はゆっくりとそれ自身の〈不可能山〉を登りつづけてきた。これが、何か特別なものに向かう進歩ではないとしても、技術的な進歩なのである。

そこで、なぜ私たちはファックス機器をもっているのだろうか？　なぜコカコーラの缶やホイリービン［収集用の車輪付き大型ごみ箱］を？　なぜウィンドウズ98やフェルトペンをもっているのだろうか？「私たちがそれを欲するから」は十分な答えではない。「私たちがそれを必要とするから」は明らかに事実ではない。私たちの技術的世界の眼を見張るような複雑さがいかにして生じたかを理解しようと欲すれば、メカニズムを提出することなしに、技術が進化すると言うだけでは十分ではない。あとの章で、ミーム的なアプローチがいかにして助けになるかについて説明するつもりである。

科学的な観念も進化し、どうしてそうなるかを説明するたくさんの理論が存在している。大きな影響力をもつ哲学者カール・ポパーは、科学哲学における彼のよく知られた著作の一つにおいて、科学的知識が獲得されるのは、その理論を支持する証明ないしは証拠の蓄積によってではなく、仮説の誤りを証明することによってであると示唆している。したがって科学は敵対する仮説のあいだの競合的な闘争であり、そのうち一部のものだけが生き残るとみることができる。

ポパーはまた、その三つの「宇宙の進化段階」にダーウィン主義的な思考法を適用している。世界1は樹木、机、人体といった物理的対象の世界、世界2は感情、情緒、意識などを含む主観的経験の世界、そして世界3は観念の世界で、言語、物語、芸術および技術の成果、数学および科学の世界である。世界3は、私たちによって作り出されるものであっても、おおむね自律的であり（Popper 1972）、その内容は一種の下向きの因果作用によって他の世界に影響を与える。そこで、たとえば、科学理論は世界1の対象（科学者、雑誌論文、実験器具その他）に見えるかもしれないが、それらは単なる物理的対象以上のものである。その観念それ自体がそういった対象に影響を与えるのだ。問題、仮説、理論および知的努力は世界2を苦労して通り抜けて世界1に入り込む。科学思想は本当に世界を変えてしまうのだ。「理論はいったん存在すると、それは自らの生命をもちはじめる」（Popper and Eccles 1977, p.40）。

いかにして観念が物理的な世界を変えうるのか？　ポパーはここで、科学における還元主義の価値と世界観としての唯物論の生存能力にかかわる一つのむずかしくて重要な問題と苦闘している。私は彼がそれを解決したとは思わない。彼の三つの世界は非常に異なった種類の素材を含んでおり、それらを関連づけるために彼は巧妙《トリッキー》な相互作用を提案しなければならなかった。興味深いことに、彼は模倣の役割に言及しているが、それがどれだけ役立つものかを認識していなかった。たとえば、芸術的な観念がいかにして現実的な影響をもちうるのかを説明するところで、彼は「一人の彫刻家が新しい作品を作り出すことで、他の彫刻家たちが鼓舞され、それを模作したり、同じような彫刻をつくるかもしれない」と書いている（Popper and Eccles 1977, p.39）。彼の用語では、彫刻家の心のなかの観念（世界3）が他の彫刻家の経験（世界2）に影響を与え、かくして新しい彫刻（世界1）をもたらすことになる。

ミーム学の用語では、起こっていることのすべて（科学においてであれ芸術においてであれ）は選択的な模倣である。情緒、知的努力、主観的な経験——これらはすべて、ある行動が模倣され他の行動が模倣されないように導く複雑なシステムの一部である。そして、観念が「自らの生命をもちはじめるのは、模倣が第二の自己複製子を解き放つがゆえなのである。このようにして、ミーム学はポパーの三つの世界がなしえなかった科学思想の進化のメカニズムを提供するのである。

ポパーは自己複製子という概念を使わなかったが、彼の世界観はただちに進化論的認識論という新しい分野を生じさせるもので、実際にそうなっている。進化論的認識論は一九七四年にキャンベルのポパー批判をもってはじまり、ダーウィン主義的な思考法を知識の進化に適用するものである（Hull 1988a,b; Plotkin 1982）。アメリカの哲学者デーヴィッド・ハルは科学的な思想が長い時間をかけて生物の種におけるのとかなりよく似た形で系譜《リネージ》として発展する道筋を研究した。彼は科学思想を自己複製子、科学者を相互作用子（彼はより積極的な意味を含んでいるという理由でドーキンスの〈ヴィークル〉よりも〈相互作用子〉という用語の方を好む）として扱う。プロトキンは科学を「〈ダーウィン機械《マシーン》〉の産物」としてだけでなく、「進化的な過程によって、時間がたつうちに変形させられた文化の特別な一形態」であるとみなす（Plotkin 1993,pp.69,223）。進化論的認識論によれば、生物学的な適応は知識の一つの形であり、科学はもう一つの形である。両方ともでたらめな変異と選択的な保持によって産み出される（Campbell 1975）。このアプローチは普遍的ダーウィン主義にしっかりと基づいており、なんでもかんでもを遺伝的な利益に帰着させることはしない。

誰の利益か？

文化的変化についての多くの理論が進化論的な発想を用いているが、それらはミーム学とは同じではないことを、いまや私たちは理解できる。そこには二つの根本的な違いがある。第一に、大部分の理論は一般的な進化理論と生物学的進化の特殊事例とを区別していない。このことは、彼らが生物現象と文化のあいだの関係について明確ではなく、遺伝学と文化的進化の歴然たる相違にやすやすとからみとられて身動きできなくなってしまうということを意味する。第二に、彼らはミームのような第二の自己複製子という概念を導入しなかった。このことは、彼らが文化的な進化を利己的な自己複製子の利益のために進行するものとはみなしていないことを意味している。

この最後の問題はもっとも重要で、私としてはこの点を追求してみたいと思う。ミーム学の最大の要点は、ミームを自らの利己的な複製という利益のみを求めて作用する一つの独立した自己複製子として扱うことである。もし第二の自己複製子が存在せず、しかもダーウィン主義者を自認するのであれば、なんとしてもあらゆることを遺伝子に、つまり生物学的な利益に帰着させなければならない。もし二つ（あるいはそれ以上）の自己複製子が存在するなら、そこに利害の葛藤が生じるのは避けがたいだろう――遺伝子の利益がある方向へ引っ張られるのに対してミームの利益が反対の方向へ引っ張られるような状況下では。こうした実例はミーム学にとって非常に重要である。なぜなら、それは純粋に遺伝学的な理論では予測できないだろうからである。もしそういう事態が起きれば、ミーム（あるいは少なくとも、何らかの種類の第二の自己複製子）の理論が必要なことが証明される。この点がミーム学の理論を他の文化的進化の理論から峻別するものなのである。

デネットは、「クイ・ボノ?」、それによって誰が利益を得るのかと問うとき（Denett 1995）、同じことを主張している。彼は「ミームの第一の規則は、遺伝子についてと同じく、複製は必ずしも何かにとっての利益である必要はないということだ。自己複製にすぐれた……自己複製子が繁栄するのだ！……重要な点は、ミームの複製能力と、ミームの視点から見たその〈適応度〉と、それが私たちの適応度（いかなる規準でそれを判定しようとも）に果たす貢献のあいだには必然的な結びつきは存在しないのである」（Denett 1991, p.203, 傍点は原著者）と言う。

ドーキンスは次のように説明する。

> 原始スープの中で、分子の自己複製を可能にするような条件が整うと、たちまち自己複製子が原始スープにとってかわることになった。そしてこの三〇億年以上というもの、地上において語る価値のある唯一の自己複製子はＤＮＡであった。しかし、ＤＮＡは、永遠にその専制支配権を確保できるとは限らない。新種の自己複製子が自己のコピーを作れる条件が生まれさえすれば、その新登場の自己複製子が勢いを得て、それ自体の新たな種類の進化を開始することになるだろう。いったんこの新しい進化が開始されると、もはやそれが古いタイプの進化に従わねばならぬ必然性はないといえる（Dawkins 1976, pp.193-4、傍点は原著者）。

もちろん、模倣の可能な脳を遺伝子が提供してくれたときにはじめてミームは存在できるようになったのである——そして、こういった脳の性質が、どのミームが捕まえられ、どのミームが捕まえられないかに影響を与えてきたに違いない。けれども、いったんミームが存在するようになると、それ自体の生命をもつと予想しなければならない。

ドーキンスは、生物学者たちはあまりにも深く遺伝的進化という観念に同化してきたために、それが数多くの種類がありうる進化の可能性のなかの一つにすぎないことを忘れてしまう傾向があると論じる。彼は同僚たちについて「最終的には、彼らはいつも決まって〈生物学的有利さ〉に立ち戻ろうとする」とこぼしている（前掲書、p.193）。言い換えれば、彼らはミームという概念、あるいは文化的進化のなんらかの種類の単位を受け入れるかもしれないが、それでもなお彼らはミームはつねになんらかの方法で遺伝子にとって有利になるよう働いているに違いないと信じるのである。しかし、これは第二の自己複製子の肝心な要点を見落としている。もしミームが自己複製子であれば――私はそうだと確信しているのだが――それらは種の利益のため、個人の利益のため、遺伝子の利益のため、あるいは自分以外のいかなる他のものの利益のために、働くことはないだろう。それが、自己複製子であるということが意味するところなのである。

この問題をくどくどと論じてきたのは、第二の自己複製子という概念――あるいは少なくとも何らかの新しい種類の文化的単位――を導入しているいくつかの文化的進化の理論について今から概説《レヴュー》するつもりだからである（Durham 1991 はさらに徹底した概説をおこなっている）。一見したところ、これらはすべてミームの概念と同等のものに見えるかもしれないが、そうではない。類似点と相違点はさまざまあるが、探し求めるべきもっとも重要な点は、新しい単位が本当に独立した自己複製子として扱われているかどうかである。もしそうでなければ、その理論はミーム学と同等のものとはいえない。

一九七五年、ドーキンスがミームの概念を提唱する直前に、アメリカの人類学者F・T・クロークは文化的な指示について書いていた。彼は、何らかの行動がおこなわれているのを目にしたときはいつでも、私たちはその動物の神経系にその行動の原因となるなんらかの内部構造［指示］が存在すると考えることを指摘した。すべての動物はそのような指示をもっているが、人間だけは、ほかの動物たちとは違って、他者を観察し模倣することによって新しい指示を獲得することができる。クロークは、文化が彼の「文化の微小体」あるいは「文化的な指示」と呼ぶ、ちっぽけで、お互いに関連のない断片によって獲得されるのではないかと示唆した。

さらに進んで、彼は人々の頭のなかにある指示と、そういった指示が生み出す行動、技術、社会組織とのあいだを非常に慎重に区別した。彼は前者を「i文化」、後者を「m文化」と呼んだ。

彼は、自己複製子という概念を使わなかったとはいえ、文化的な指示の地位についてはまったく明解であった。彼は、「i文化」と「m文化」の両方の究極的な機能は、「i文化」の維持・増殖であると言う。したがって、それをつくったりおこなったりする生物にとって不適切であったりときには破壊的でさえある機能を果たすようなある種のm文化の特徴を見つけたとしても驚くべきではないと結論する。彼は文化的な指示を宿主の一部の行動をコントロールする寄生生物——自らを増殖させるためにくしゃみをさせるインフルエンザウイルスに少しばかり似たもの——と比較する。結論として彼は、「簡単に言えば、〈私たちの〉文化的な指示は私たち生物体のために働くことはない。私たちが彼らのために働くのだ。せいぜいよく言って、私たちは遺伝子と共生しているのと同じように、彼らと共生しているのであり、悪く言えば、私たちは彼らの奴隷なのである」と言う（Cloak 1975, p.172）。クロークが第二の利己的自己複製子をもつことの意味を見抜いていたことは、まったく明白である——たとえ、のちに他の人間が文化的な指示が自己複製子では全然ありえないと主張したとしてもである（Alexander 1979）。

『利己的な遺伝子』のなかでドーキンスはクロークに言及して、クロークその他が探求している方向をもっと推し進めてみたいと述べている。けれども、ドーキンスは行動とそれを生み出す指示の両方をひとまとめにして扱い、それらすべてをミームと呼んでいるのに対して、クロークは両者を分けている——生物学における遺伝子型と表現型の区別にいくぶん似通った区別。のちにドーキンスは（Dawkins 1982）はクロークと同じ区別をおこない、ミームを「脳にすんでいる情報の単位」と定義している。この違いの重要性についてはのちに立ち戻ることになる。ここでは、クロークの文化的な指示が、ミームと同じように、本物の第二の自己複製子であることを記しておく必要があるだけだ。

社会生物学と引き紐《リード》につながれた文化

ドーキンスが『利己的な遺伝子』を書いているころ、社会生物学という新しい科学——行動の遺伝的・進化的基盤の研究が確立されつつあった——当時、社会生物学を人間行動に適用することに反対する激しい抗議の声が存在した。その声のあるものは、人間行動は遺伝子の制約からほぼ完全に自由なものであり、（世にも恐ろしい）「遺伝的決定論」と彼らがみなすものによって理解などできはしないと主張する社会学者、人類学者、およびその他の人々から出されていた。遺伝子は私たちに「文化の能力」を与えるにすぎないと彼らは主張した。抗議の声のあるものは、大切な信仰、意志決定、および行動が自分の遺伝的な組成によって制約されているという思想を拒否する一般の人々から出ていた——「自由意志」はどうなるのだ？

この反応は私に、ニュートン、コペルニクス、そしてダーウィン自身に対する敵意を思い起こさせた。社会生物学は人間を自らが築いた台座のはるか彼方まで押し出してしまうように見えた——自由意志と自律性の感覚を突き崩してしまうように。やがて明らかになるように、ミーム学はこの方向へさらに大きな一歩を踏み出しており、おそらく同じような敵意を受けることになるだろう。それでも、クロークが言っているように、「もし私たちが〈私たちの〉文化的な特質の何かの奴隷であるならば、それについて知るべきときではないだろうか?」(Cloak 1975, p.178)。

社会生物学に対する敵意の大半は死滅してしまった。おそらく人間行動に進化的な基礎があることを指示する証拠が増大したため、またおそらく遺伝子と環境の相互作用の仕方がよりよく理解されるようになったためであろう。体をつくりあげるための青写真または配線図を提供するものという古い遺伝子のイメージは明らかにまちがっている。より適切なアナロジーは料理のレシピであるが、ただしそれほど詳細なレシピではない。遺伝子はタンパク質をつくるための指示であり、このタンパク質合成の結果は、利用できる素材と環境の性質によってあらゆる段階で影響を受ける。純粋に遺伝的に決定されるものは何一つないし、純粋に環境によって決定されるものも一つとしてない。私たち人類は、他のあらゆる生き物と同じく、両者の複合による産物なのである——そしてこれは、私たちの脚の形だけでなく、行動の仕方についても当てはまるのである。

こうした敵意にもかかわらず、社会生物学は大きな進展を成し遂げた。しかし、その創設者たるエドワード・O・ウィルソンがこぼしているように、一人ひとりの人間の心や文化の多様性については、ほとんど発言できなかった。一九八一年にウィルソンは物理学者チャールズ・ラムスデンとチームを編成して、遺伝子=文化共進化の理論を発展させ、「文化的進化における遺伝的現象の基本単位」として「カルチャージェン(culturgen)」という概念を導入した(Lumsden and Wilson 1981, p.x)。彼らは自分たちの新しい理論が遺伝子から心、文化へと正しく導いていくことを期待し、異なったカルチャージェンがいかにして遺伝的適応度に影響を与えるかについての数学的な扱い方を考案した。しかしながら、彼らはつねに最終的な決定者としての遺伝子に立ち戻る。もしときどき、適応性のないカルチャージェンが淘汰を生き残るとすれば、それはその損害がただちには現れず、そのためシステムが適応するまで多少の時間的な遅れがあるからだ。最後には、遺伝子は勝利するだろう。彼らはいみじくも「遺伝子は文化の引き紐《リード》を握っている」と言う。

この「引き紐の原理」は、ドーキンスが「いつも〈生物学的な有利さ〉に立ち戻ろう」と願う同僚について言わんとしたことをより覚えやすい形で表現したものである。それはまた、私たちに有益なイメージも提供してくれる。もしラムスデンとウィルソンが正しければ、遺伝子はつねに飼い主でカルチャージェンはイヌということになる。引き紐はときに長く伸ばすことができる――極端に長くさえ――が、それでもなお引き紐の先端のイヌにすぎない。ミーム学によれば、遺伝子がイヌに変わりミームが飼い主になることもある――あるいは、引き紐の両端にそれぞれつながれた二頭のイヌという光景を楽しむべきかもしれない――二頭がそれぞれ自分の利己的な複製のために狂ったように走りまわっている。

スタンフォード大学の遺伝学者、ルイジ・カヴァリ＝スフォルザとマーカス・フェルドマンは単位としての「文化的特性」に基づく詳細な文化的伝達のモデルを考案した（Cavalli Sforza and Feldman 1981）。文化的な特性は、刷り込み、条件づけ、観察、模倣あるいは直接の教授によって学習される（これはミームについてのものより幅広いことに注意。ミームではその定義上、模倣によって伝えられなければならず、刷り込みや条件づけによって獲得されることはできない）。彼らは文化的淘汰とダーウィン主義的な自然淘汰とを明確に区別し、「文化的適応度」――すなわち、文化的特性それ自体の生存のための適応度――という概念を用いるが、この概念はミーム学においても有効である。彼らはまた、親から子へのような垂直的伝達と、子供から子供へや大人から姻戚関係のない大人へのような水平的伝達との区別を導入した。私たちはのちに、もっぱら水平的伝達が占める年齢における生活を理解するために、これがどれほど重要なものであるかを見ることになる。

カヴァリ＝スフォルザとフェルドマンは文化的伝達のさまざまなメカニズムを列挙し、不適応なものも含めて個別ケースごとの数学的モデルを提出している。もっとも深刻に不適応な例は、フォレと呼ばれるニューギニア高地の部族が葬式の際におこなう食人の風習である。死者をたたえる複雑な儀式の一部として、フォレ族は死体の一部を食べる。実際には、彼らは人肉よりは豚肉の方を好み、そのため男たちは貴重な豚肉をできるだけ多く得ようとする傾向があり、女と子供により人肉食をさせることになる（Durham 1991）。この風習はやがてクールーと呼ばれる進行性の流行病［狂牛病と同じくプリオンと呼ばれる病原体が原因であることがわかっている］をもたらし、主として女と子供からなるおよそ二五〇〇人のフォレ族を死に至らしめた。カヴァリ＝スフォルザとフェルドマンは、この例のような不適応な特性は最大その病原体保有者《キャリアー》の五〇％を死亡させ、さらに集団全体に拡がることを、数学的に実証した。

けれども、文化的伝達と不適応な風習の拡大を理解するうえで大きな貢献をしたとはいいながら、カヴァリ＝スフォルザとフェルドマンはそれでもなお、「文化的活動をダーウィン主義的適応度の延長」と見ており（前掲書、p.362）、その点で、彼らの理論はミーム学から峻別される。デネットが言うように（Dennett 1997）、彼らはもっとも重要な「誰がそれから利益を得るのか」という問いを発することがない。あるいは仮に発したとしても、彼らは単純に答えは遺伝子に違いないと想定し、「それが発現する適応から利益を得るのが、その文化的な項目それ自身である」（Dennett 1997, p.7）

という可能性を考慮することはないだろう。カヴァリ＝スフォルザとフェルドマンにとっては、文化的な適応は、技能、信念、その他を、遺伝子の究極的な利益のために用いることを意味する――そして、「不適応（maladaptive）」という用語は、遺伝子にとっての不適応を意味する。たとえ、長い目で見たときにしか言えないにせよ、「自然淘汰の機構が究極的には支配権を確保する」と彼らはいう（Cavalli-Sforza and Feldman 1981, p.364）。言い換えれば、彼らもまた引き紐を信じているのである。

引き紐を手放したと思われる唯一の人類学者たちは、カリフォルニア大学ロサンゼルス校のロバート・ボイドとピーター・リチャーソンである。社会生物学者と同じように、彼らは文化が「自然的な起源」から生じることを受け入れるが、文化的な進化を考慮に入れたモデル――彼らの「二重遺伝モデル」のように――の方が、社会生物学よりうまくいくと主張する。彼らはキャンベルの規則に言及して、私と同じように、文化的な変異がそれ独自の形における自然淘汰の対象になるに違いないと確信する。彼らは文化的伝達と遺伝的伝達の構造的な違いをきわめて詳細に分析し、「……ある個人に文化的な子孫を適応させる確率を最大限に高めるようにさせることのできる行動は、次世代への遺伝子の伝達を最大限に高めるような行動ではないかもしれない」と結論する（Boyd and Richerson 1985, p.11）。彼ら流の共進化では、遺伝子は文化を引き紐につなぎとめることができ、文化も遺伝子を引き紐につなぎとめることができるか、あるいは両者が競合ないし相互に助け合いながら進化することもある（Richerson and Boyd 1989）。彼らは本当にその文化的単位を独立した自己複製子として扱っているように思われる。ボイドとリチャーソンは人類学者であり、文化的な変異に対して私がこれから寄せるものなどよりはるかに強い関心がある。けれども、彼らの発想の多くは、ミーム淘汰を理解するうえで有益なことが明らかになるだろう。

人類学者のウィリアム・ダーハムは文化的伝達の単位として「ミーム」という用語を使っており、一見するとミーム学的な観点をとっているように見えるかも知れない。しかしよく検討してみると、彼にとってミームは真の利己的な自己複製子ではないことがわかる。彼は生物的な淘汰と文化的な淘汰が同じ規準（すなわち包括適応度）に基づいて作用し、相補的なものであると主張する。彼は、ボイドとリチャーソンが「抽象的な遺伝学のアナロジーを少しばかり行きすぎたところまで」もちだし、したがって「強固に反ダーウィン主義的」であると論じ、人間の進化をほかの生物と根本的に違ったものとみなす彼らの意見に同意しない（Durham 1991, p.183）。

これは問題の核心に迫るものだ。私にとってミーム的な進化は、ドーキンスやデネットと同じように、人間がほかの生物と異なっているということを意味する。人間の模倣の能力が自分の利益のために働く第二の自己複製子をつくりだし、それがミーム学的には適応的だが生物学的には不適応な行動を産みだすことができるのだ。これは、強力な遺伝子によって究極的に制御されることになる単なる一時的な逸脱などではなく、恒久的なものである。なぜなら、ミームは遺伝子とまったく同じやり方において強力だからである。つまり自己複製子としての力をもっているからなのだ。クローク、およびボイドとリチャーソンは同意すると思われるが、他の人々は、彼らの文化的伝達の単位がもつ独立した自己複製能力を認めない。この重要な意味合いにおいて、彼らは伝統的な社会生物学者——彼らのモットーは「遺伝子はつねに勝利するだろう」かもしれない——にはるかに近い。引き紐はときには非常に長くなることもあるが、イヌはけっして逃げ出すことができないというわけだ。

このことは、ぐるりと一周して、おおむね同じ観点をとっている社会生物学の最近の後継者たちのところへ私たちを連れもどすことになる。進化心理学は、人間の心は更新世において狩猟採集生活上のさまざまな問題を解決するために進化したという考えに基づいている（Barkow *et al.* 1992; Pinker 1997）。言い換えれば、私たちの行動、信念、性向および習慣のすべては適応である。たとえば、性的な嫉妬、自分の子供への愛情、言葉遣いを習得する方法や栄養欠損に対処するための食物の取り込み、蛇を避けることや友好関係を維持する能力などはすべて、狩猟採集の生活様式のための適応とみなされる。したがって進化心理学は、あらゆる行動が究極的に生物学的な有利さに帰着すると主張する。

進化心理学は私たちを遠くまで導くことができるが、それは十分な遠さなのだろうか。私はそうでないと言いたい。ミーム学の視野からすれば、進化心理学は依って立つ決定的な基盤を提供してくれるものだ。なぜある種のミームが積極的に残され、他のものが排除されるかを理解するためには、遺伝子の利益のために私たちの脳がかたちづくってきた自然淘汰の方法を理解する必要がある。私たちは甘いケーキとカフェインがいっぱい入った飲み物が好きで、裸の女性が表紙を飾っている雑誌は二度眺めるが、表紙に電車の載っている雑誌ではそうはしない。明るい色の花束を買うが、腐ったキャベツのにおいは避ける。これらすべてのことは、ミーム淘汰を理解するのに不可欠である。しかし、それが話のすべてではない。人間の行動を十二分に理解するためには、遺伝子淘汰とミーム淘汰の両方を考慮しなければならない。ほとんどの進化心理学者は第二の自己複製子が必要であるという考えを即座に退ける。本書における私の任務はそれがなぜ必要であるかを示すことにある。

＊　＊

私は、文化的伝達についてのさまざまなアプローチを探求して、別の名前のもとでミーム学と同じ考え方を用いているものがないかどうかを見てきた。その答えは、私がここで論じたような限られた例外はあるが、ノーである。とって代わるべく待機しているようなミーム現象に関する既成の科学は存在しないように思われる。もしミーム現象に関する科学を必要とするなら、私は必要だと確信しているのだが、私たちはそれをゼロから構築しなければならないだろう。

利用できる主要な道具は進化理論の基本的な原理、ドーキンス、デネットおよびその他の初期のミーム学者の基礎となる考え方、および先に論じた文化人類学からのいくつかの関連した考え方である。もちろん、一世紀以上にわたる心理学研究、数十年におよぶ認知科学と神経科学の成果にも頼ることができる。

これらの道具を用いながら、私はミーム現象に関する一つの科学の基礎を定めることを試みるつもりである。そうすれば私は、それを用いて「なぜ私の頭のなかはいろんな考えでいっぱいなのか」といった瑣末に思われる問いから、なぜ人間の脳はそんなに大きいのかという重い問いまで、古くからある疑問に対して新しい答えを提供することができる。この努力の第一歩は、世界をミームの視点から眺めはじめることである。

4　ミームの視点から見る

今や私たちは新しい方法で世界を眺めはじめることができる。私はそれをミームの視点と呼ぶことにするが、ただし、もちろんミームが現実に眼をもっていたり、視点をもっているわけではない。彼らは何も見ることができず、何事も予測することができない。しかし、このような眺め方の要点は、生物学における「遺伝子」の視点と同じである。ミームは自己複製子であり、チャンスさえあればいつでもその数を増加させる傾向がある。そこで、ミームの視点とは、世界を自己複製の機会という点から眺める見方のことである――ミームが自分のコピーをより多く作るのを何が手助けし、何が妨げるのだろうか。

一つの単純な質問をしてみたい――実際、私はこれからも何度か異なった文脈で再度この問いを用いることになる。ミームの宿主（たとえば脳）に満ちあふれた世界と、すみかを見つけることができるよりもはるかに多数のミームを想像していただきたい。さてそこで、どのようなミームが安全なすみかを見つけて、次に伝えわたされていく可能性が大きいのかと問うてみる。

これは私たちのすんでいる現実の世界を特徴づける一つの妥当な方法である。私たち一人ひとりは毎日無数のミームを創造し、あるいはそれに出会う。私たちの思考の大部分は潜在的にミームであるが、もし口に出して語られなければ、ただちに死滅してしまう。私たちは語るたびにミームを作りだしているが、その大部分は旅の途中ですぐに消えてしまう。それ以外のミームはラジオやテレビで、書かれた言葉として、他の人々の動作に、あるいは技術の産物であるフィルムや映像によって運ばれていく。

ここでちょっと、あなたが過去一〇分間に――一日とは言わない――浮かんだ考えのすべてについて考えて頂きたい。文字を読んでいるときでさえ、あなたはおそらく他の人について考え、するつもりだったことを思い出し、その日のそれからの計画を立て、あるいは（これは私の願望だが）この本によって閃いたアイデアを追求したはずだ。こうした思考のほとんどは再び考えられることはないだろう。あなたはそれらを誰かに伝えわたそうとはせず、したがってそれらは消滅していくことになるだろう。

今日あなたが誰かほかの人に言う可能性のある事柄の数――あるいは他の人間がしゃべるのを聞くであろう単語の数――を考えて頂きたい。あなたはラジオを聴き、テレビを見て、他の人と一緒にディナーをとり、子供の宿題を手伝い、遠方の人からの電話に出るかもしれない。そうした会話のなかで語られたことのほとんどは、再び伝えわたされることはないだろう。そのほとんどは、「そのとき彼は彼女に……と言った」とか「ところで……のこと知っている？」というように再登場することはないだろう。ほとんどは生まれてすぐに死ぬことになる。

書かれた言葉もそれほどうまくやっていけないかもしれない。この頁に書かれた言葉は、少なくともあなたに読まれるところまではやってこられた。しかし、たぶんそれより先には行けないだろう。

たとえあなたが誰かに伝えたとしても、きっちり思い出せないために混乱したり、あるいは私自身が明解な言い方をしていなかったために、複製《コピー》の忠実度はつねに高いとはかぎらないだろう。何百万部という新聞が毎日印刷されているが、一週間もたつとその大部分は消えてしまい、ほとんどの人はそこに書かれてあったことを忘れてしまっている。書物はもう少しましかもしれない――もっとも合衆国だけでも、毎年一〇万冊ばかりもの新刊書が出版されている。そのすべてが影響力をもったり記憶にとどめるべきものであるはずがない。またある科学論文は広く読まれ引用されるが、大多数の論文は誰一人にもまったく読まれることがないとささやかれている。

潜在的なミームのうちどれくらいの比率のものが実際に伝えられていくのかを計算することは（原理的にさえ）できないが、しかし考え方そのものは十分に明解である。そこには巨大な淘汰圧が存在し、したがって非常に数多くの出場者のなかから生き残る者はごくわずかでしかない。ごく少数のミームだけが、脳から脳へ、脳から印刷物へ、印刷物から印刷物へ、あるいは肉声からコンパクト・ディスクへとうまくコピーされていくことができるのだ。私たちがいつも出会うミームは成功したもの――複製をめぐる競合で成功したものなのだ。私の疑問は単純である。どういったミームがそれにあたるのか？

いくつかの論争の的になっている疑問に取り組む一つの方法として、私はミームの視点から見ることをはじめようとしているところだ。私はまず単純な疑問からスタートしよう。その疑問それ自体はそれほど深遠なものではないかもしれないが、やがてかなり興味をそそるものとなる――そして、それは私たちにミームの視点から考える訓練を与えてくれるだろう。

なぜ考えることを止められないのか?

あなたは考えることを止められますか?

たぶんあなたは瞑想か、あるいは何かほかの心を鎮める方法を実践したことがあるはずだ。もしあるのなら、その作業がそんなに簡単なことでないことがわかるだろう。もしそういう経験がないのなら、今すぐ一分ばかりあなたの心を空っぽにするよう試みることをすすめよう(もし今それに立ち向かうことができないなら、いつか、たとえば、やかんの湯が沸くのや、コンピューターが立ち上がるのを待っているときのような、ほかに何かする「いいこと」がないときに試みて欲しい)。何らかの考えがやってきたとき、確実にそれはやってくるのだが、ただそのことを認めるだけで、そのままやりすごす。けっして思考に巻き込まれたり、それを追っかけたりしてはいけない。そうした思考と思考のあいだになんらかの隙間が見つかるかどうか見るのだ。最も単純な形の瞑想はこのような実践以上のものではない。それはひどくむずかしいのだ。

なぜか? まちがいなくあなたは、思考がまさに何もないところから急に現れ、あなたの注意を引くように見えるということに気づくだろう。それがどういう種類の思考であるかについても気がつくかも知れない。典型的には、それらは会話ないし議論、新たな結末をともなった出来事の再現、自己正当化、未来についての入り組んだ計画、あるいはなさなければならない困難な決断だったりする。それらは単純なイメージ、知覚、あるいは感情(これはなんの問題も引き起こすことなくやってきては出ていくことができる)であることはめったにない。それよりむしろ、他の人間から獲得したことばや、議論や、観念《アイデア》が使われる。言い換えると、ひっきりなしにやってくるこのような思考がミームなのである。「あなたは」それらに止めるように命令することはできない。もっとゆっくり進めと命じることさえできないし、自分自身にそれらに引き込まれないよう言うこともできない。それらは独自の生命と力をもっているように見える。なぜなのか？

生物学的な観点からすれば、この絶えざる思考は正当化できそうには見えない。最初は遺伝子の利益にかなうように見えなかった多くの事柄がやがてのちにそうであることが判明しているという事実を私は認めるので、このことを用心深く言っておく。しかし、にもかかわらず、この点をよく考え抜くのは有益かもしれない。

思考にはエネルギーを必要とする。ＰＥＴスキャニング（陽電子放射断層撮影）のような技術が与えてくれる数多くの恩恵の一つは、何かを考えているときに脳内で何が起こっているかを画像的に観察できることである。スキャンは、まだその解像力に深刻な限界があるものの、脳の異なった部位の相対的な血流の量を示すことができる。たとえば、誰かが視覚的な作業をしているときには、視覚野により大きな活性が見られ、音楽を聴いているときには聴覚野により大きな活性が見られる、などなどである。ずっと以前からそうではないかと思われてきた通り、何かについて想像すると、その同じものを実際に見たり聞いたりしているときと同じような脳の領域が使われるのである。それゆえ、会話について想像すれば言語野が活性化される、等々ということになる。単純な視覚作業とよりむずかしい視覚作業を比較した実験では、よりむずかしい作業ほどより高いレベルの活性が見られることが示される。

用いられるエネルギーの量は、たとえば丘を走って登ることに比べればわずかであるが、まったく無視できる量ではない。血流は酸素と貯蔵エネルギーが燃やされてることを意味し、消費された分を補うために働かなければならない。もし、ある生物がつねに考えることなしにうまくやっていくことができるとすれば、より少ないエネルギーしか使わず、したがって生存上の有利さをもつことになるはずだ。

したがって、おそらく、こうした思考のすべては何らかの機能をもっているのだろう。しかしどんな機能？　たぶん私たちは、役に立つ技能を訓練していたり、問題を解いていたり、うまい取り引きをするために社会的な変化をじっくり考えていたり、あるいは将来の活動について計画しているのだろう。しかし、私がこれから考えようとする狂気じみた意味のない思考のたぐいについては、これが当てはまるように思えないことを言っておかなければならない。けれども、現在の状況に進化的な思考法を適用するのは適切でないかもしれない。私たちは書物や電話や都市とともに進化したのではなかったのだ。

進化心理学者たちは、その代わりに狩猟採集時代の過去について考察すると言い出すだろう。遠い昔については比較的わずかな情報しかないので、あまり細部にわたってまで憶測するのは危険であるが、多くの著者が利用できる証拠に基づいてすぐれた説明を提供している（Dunbar 1996; Leakey 1994; Mithen 1996; Tudge 1995）。彼らは、当時の人々がおよそ一〇〇～一二五〇人の集団で生活し、強い家族の絆と複雑な社会的規則をもっていたとする点で意見の一致をみる方向にある。女は植物性の食物を採集し、男は狩猟をする傾向があった。平均寿命は現代に比べて短かった。人口密度は、彼らの生活様式が必要とする広大な土地の広さのために制限されていた。けれども食料の調達は一日丸ごとかかるものではなく、多くの時間が残されていたことだろう。

そのような状況下で、いつどんなときにも考えているというのは理に適っているのだろうか？　そうした果てしのない思索は、それに要するエネルギー出費を正当化するだけの生存上の有利さを与えるだろうか？　それとも、エネルギーを節約した方がよくて、ただじっと座って何も考えないでいることができるのだろうか――日だまりのなかで休息しているときにそうしているように見えるネコのように？　私には推測するほかないのだが、もしときどき考えることを止めて貴重な資源を節約できれば、遺伝子により有利さを与えることができるかもしれないと言いたい。とすれば、なぜできないのだろうか。

ミーム学からの答えは、コピーされようと試みる自己複製子という観点から考えはじめることである。

まず最初、ミームをもたない脳について考えてみよう。もし脳が実際にダーウィン機械であるならば、その内部で生じる思考、知覚、観念、記憶、等々はすべて、脳の限られた処理能力という資源をめぐって競合しているに違いない。自然淘汰はきっと、脳の注目メカニズムによってその資源の大部分がおおむね脳をつくった遺伝子を助けるような処理にふり向けられるよう保証してきたのだろう。そうした制約のなかで、すべての思索や観念は注目を受けコピーされるチャンスを求めて競合するだろう。けれども、それらは一つの脳だけに限定されており、しかも自然淘汰の圧力にさらされている。

今度は、模倣することができる脳――ミームをもつ脳――を想像してもらいたい。ミームをもつ脳はずっと多くの情報をたくわえることができるだけでなく、ミームそのものが考えるための道具なのである（Dennett 1991）。もしことば、物語、議論の構造、あるいは愛や論理や科学についての新しい考え方を学習すれば、はるかに多くの種類の思考が可能になる。今や同じ一つの限られた脳の処理能力をめぐって競合するはるかに多くの思考が存在することになる。そればかりではない、ミームは一つの脳から別の脳へコピーされることも可能なのだ。

もしミームが思い通りうまく自分をコピーさせることができれば、そうなるだろう。そうするための一つの方法は、誰か他人の脳の資源に命令して、そのミームを繰り返し復唱させるようにし、復唱されないミームよりも競合するうえでの優位な立場を与えることである。このようなミームは、より記憶される可能性が高いだけでなく、次に誰かに話しているときに、「気にかかる」ものでもある。一例として物語を取り上げてみると、大きな情緒的感動を与える物語や、あるいは何らかの理由でそれについて考えることを止められないような影響を与える物語は、頭のなかをぐるぐる駆けめぐるだろう。そのことが、その物語の記憶を強固にし、また同時に、それについて頻繁に考えているために、誰か他の人に伝える可能性が大きく、それを聞いた人も同じように影響を受けるだろうということも意味している。

今や、この章の冒頭に掲げた問いを発してもいいだろう。脳に満ちあふれた世界を想像してもらいたい。そこには、すみかを見つけることができるよりもはるかに多くのミームがあるとする。どのようなミームが安全なすみかを見つけて、次に伝えわたされていく可能性が高いだろうか?

注目をとらえるだけでなく、その宿主に心の内で繰り返し復唱させるようにするミームと、自らを静かに記憶のなかに埋没させ、けっして繰り返されることのないミーム、あるいはあまりにも退屈で二度と思い浮かべることもない思考とを比べてもらいたい。

どちらがうまくやっていくだろうか? ほかの条件が等しければ、最初のタイプがうまくいくだろう。したがって、それが再び伝えわたされていく思考であり、一方その他のものはただ消えていくのみである。その結果が、人々の考えがちなたぐいの思考に満ちあふれたミームの世界――ミーム・プール――なのである。私たちはみな、それらに出会い、そのため私たちはみな、恐ろしいほどいろいろ考えるのである。「私が」自分に考えることを止めさせることができないのは、無数のミームが「私の」脳の空間をめぐって競合しているからなのだ。

これは、なぜ私たちがこんなにも考えるのかを示すために立案した単なる一般的な原理にすぎないことに注意してほしい。私たちはまた、そんなふうに成功するのがどういった種類のミームであるかを見つけだせなければならない。たとえば、それは特定の情緒的な反応の引き金を引くものであるかもしれないし、あるいは性欲や食欲の中枢と関係しているのかもしれない――ここでは、進化心理学が私たちに助けを与えることができる。それは、より多くのミームをつくりだすとりわけ優れた道具を提供するミームかもしれないし、あるいは、政治的イデオロギーや占星術信仰といったすでにインストールされたミーム複合体とうまく適合できるものかもしれない。しかし、こういった理由の探索はより専門的な作業であり、それにはのちほど立ち戻ることにする。ここではとりあえず、ミーム学の一般原理が私たちの心の性質を理解するうえでどのように助けとなりうるかだけを示したいと思う。

私はこれをミームの「雑草理論」だと考えている。空っぽの心は、掘り返し、整地し、除草したときの私の菜園と少しばかり似ている。土地は茶色で、きめが粗く、豊かで、どんな植物でも生えたいと思えばいつでも生えられる状態にある。一週間か二週間ほどたつと、その場所にちょっとばかり芽を突きだした緑色のものが見られる。さらに一～二週間たつと、大量の植物がそこらじゅうに点在するようになる。やがてしばらくすると、その土地全体が緑の、ツル植物をからませ、高い葉を突きだした植物で覆われてしまい、茶色の土はほんの小区画さえ見えなくなってしまう。理由は明白で、もし生えることのできる植物があれば生えてくるのである。土のなかや空中には、一人前の植物にまで成熟できるよりもはるかに多くの種子が存在し、そのうちのどれかが空間と水と光のあることに気づくやいなや発芽するのである。これがまさに雑草のすることである。ミームはまったく同じことを脳でする。少しでも余分な思考容量があればいつでもミームはやってきて、それを使い尽くすのである。すでに何か絶対的に魅力的なことについて考えている場合でさえ、それよりさらに魅力的な他の考えが最初のものをその地位から追い払い、伝えわたされる確率を高め、他の誰かがそれに感染する可能性を増大させる。この見方からすれば、瞑想の実践は一種の精神的な雑草取りと言える。

生物の世界にはほかにもアナロジーがある(ただし、あくまでアナロジーにすぎないことを忘れてはならない)。たとえば森を取り上げてみよう。森ではすべての木が光を求めて競合しており、そのため背の高い幹を成長させる遺伝子はうまくやっていけるだろうから、遺伝子プールのなかで拡がっていくことになる。一方、背の低い幹の遺伝子を運ぶ木はその下の暗がりで死滅していく。最後には森は、ぎりぎりまで高い幹をなんとかしてつくりあげた木だけになってしまうだろう。

誰が得をするのか? 木ではない。彼らはすべて幹を成長させるために膨大なエネルギーを投資してきたのであり、今でもなお互いに競合しあっている。幹の高さで面倒を起こさないように彼らが紳士協定を結ぶことはありえない。なぜなら、そのうちのどれかが死ぬと、ずるをする奴が協定を破ることによっていつでもその跡をおそうことができるからだ。だからこそ、森は地球のどんな場所にも見られるありふれたものである。利益を得るのは成功した遺伝子であり、木ではないのだ。

私たちの哀れな活動しすぎの脳にもどって、再びこう問うことができる——誰が得をするのか? 絶えざる思考は私たちの遺伝子に利益を与えているようには見えないし、私たちを幸福にしてもいない。要点は、ひとたびミームが登場すると、いつもつねに考えつづけよという圧力は避けがたいということである。この競合にもかかわらず、最大の被害者である脳で生じているのは平和な心なのである。

もちろん、遺伝子もミームもそんなことを気にもしない——彼らはただ何も考えずに自己複製するだけだ。彼らは先の見通しをもたず、自らの行動の結果に従って計画を立てることもできない——たとえ彼らが気にしたとしても。彼らが私たちのために幸福でゆったりした人生をつくりだしてくれるなどと期待すべきではなく、また実際にそんなことはしてこなかった。

私がこの単純な例をとりあげたのは、人間の心を理解するために使いたいと思っているミーム学の方法がいかなるものであるかを示すためである。のちに、密接な関連のある問い——なぜ人々はそんなにしゃべるのか？——を発するために同じアプローチを用いるつもりである。あなたは、答えは明らかではないかともうすでに考えているかも知れない。しかし、この問いから派生する多くの問題を探求する前に、警告のために重要な一言を付け加えておきたい。

すべてがミームではない。

すべてがミームではない

ひとたびミームの基本的な考え方を把握すれば、それに夢中になって、何でもかんでもがミームだと考えるようになる——ミームを観念、思想、信念、意識の内容、あるいは何であれ思いつくことのすべてと同一視する——のは、まったくたやすいことである。この傾向はひどい混乱を招くものであり、ミームに何ができ何ができないかを理解する妨げとなるものである。私たちとしてはミームの明解で厳密な定義をし、何を含め何を含めないかを決定するところからはじめる必要がある。

銘記すべきもっとも重要な点は、ドーキンスのもともとの説明にあるように、ミームは模倣によってのみ伝えわたされることである。私はそれを「行動を実現するための指示で、脳（あるいは他の物体）にたくわえられ、模倣によって伝えわたされる」と述べた。新しい『オクスフォード大英語辞典』は「meme（mi:m）：名詞。生物学（mimeme の短縮形。……GENE を模したもの）、非遺伝的な手段、とくに模倣によって伝えわたされると考えられる文化の一要素」という定義を与えている。模倣は一種の複製あるいはコピーであり、それこそがミームを自己複製子たらしめ、自己複製の力を与えているものなのである。「ミームとは何であれ模倣によって伝えわたされるもの」ということさえできる――もしそれがそれほどぶざまに聞こえないならば。

何が模倣に含められるかについてただちに議論してもいいのだが（また、するつもりだが）、今は、このことばを、ドーキンスがしたように「広い意味で」使うことにする。私が「模倣」と言うとき、それには言語、読書、指示のほか、その他の複雑な手法や行動を用いた情報の伝達が含まれる。どんな種類のものであれ、一人の人間から別の人間への観念や行動の真似《コピー》は模倣に含まれる。そこで、あなたがある話を聞き、その要点を誰かに伝えたとき、あなたは一つのミームをコピーしたことになる。重要なのは、模倣の強調によって伝えわたすことができない事柄はどんな種類のものであれ除外することが許され、したがってミームとして認めることができないという点である。

ほんのしばらく、この頁から視線をそらして、窓や、壁や、家具、あるいは植物の上に目を休めてみてほしい。何もしようとせず、じっと静かに、たとえば五秒間だけ、ただ眺めてから読書に戻る。

あなたはきっと何かを経験したはずだ。その数秒間にあなたの経験をつくりあげる風景、音、そして印象があった。それらはミームに含まれただろうか。たぶんあなたは「あの植物は水を欲しがっている」とか「外をあんなに車が走っていなければよかったんだが」とか独りでつぶやいたと思う。もしそうなら、あなたはことばを使っていたのであり、それらのことばは、ミーム学的に獲得したものであり、それを再び誰かに伝えわたすことができる――しかし、知覚的な経験それ自体は、必ずしもミームを含んでいない。

もちろん、今では私たちはことばをもっているので、経験するすべての事柄はミームの影響を受けていると主張することはできる。そこで、ことばをもっていないほかのいくつかの動物の経験について考えてみよう。私が飼っているネコの一匹が例になるだろう。このネコはとても頭がいいというわけではないが、豊かで興味深い生涯を送っており、模倣によってほとんど何も習得していないにもかかわらず、多くの能力をもっている。

まず第一に、彼女は見たり聞いたりすることができる。チョウを追っかけて走ることができ、木に駆け上がることができる――これには複雑な知覚と運動の技能が必要である。味とにおいを嗅ぐことができ、カトキンズよりもウィスカス［いずれもキャットフードの商品名］を選ぶ。階層序列となわばりに関する鋭い感覚をもち、あるネコに対してはフーと威嚇したり逃げ出したりするが、べつのネコとは遊ぶ。明らかに個々のネコと何人かの人間を識別していて、その声、足音あるいは触覚に反応し、体の動きや肉体的な接触、および彼女の独特の大きな鳴き声で気持ちを伝えることができる。彼女の頭のなかの地図は複雑かつ詳細である。それがどこまで拡がっているものか私には想像がつかないが、少なくとも四軒の家の庭、二つの道路および多数の人間やネコがつくった道を含んでいる。窓際の人物の位置とその人がいる部屋を関連づけることができ、ナイフがボウルに当たる音を聞いたときには、台所までの最短ルートを見つけることができる。そしてたどり着いて、「ハップ」という言葉を聞くと、後ろ脚できちんと立ち前足を抱え込む。

彼女の生活には、私自身の日常生活でも認めることができる経験が数多く含まれている――知覚、記憶、学習、探求、食べ物の選り好み、意思の疎通および社会関係。これらはすべて模倣によって獲得されず、したがってミームではない経験や行動の実例である。私のネコはその生涯においてたくさんの学習をしてきており、そのうちのいくつかは私から学習したものだが、決して「模倣によって伝えわたす」ことができないものであることに注意してほしい。

もし、ミームということばによって意味される事柄に確信がもてれば、次は、模倣による学習をほかの種類の学習から区別しなければならない。心理学は伝統的に二種類の主要なタイプの個体的学習（すなわち個々の動物または人間による学習）を扱ってきた――古典的条件づけとオペラント条件づけである。パヴロフが唾液を出すイヌについて最初に研究した古典的条件づけでは、二種類の刺激が繰り返し組み合わせて示されることによって結びつけられる。私のネコはおそらく特定の音を食事の時間に、特定のネコの姿を恐怖に、雨の音を「外へ出かけるのには良くない日」に結びつける等々のことをしているのだろう。ちょうど私が歯医者のドリルの音を聞くと硬直してしまい（過去二五年にわたってそのたびに麻酔をかけられてきたのにもかかわらず、いまだに硬直してしまう）、ジントニックに溶ける氷の音を聞くと心地よくくつろぐことを学習したように。古典的な条件づけでは、環境のいくつかの側面が脳のなかへコピーされていると言うこともできるが、しかし、それはその脳で行き止まりで、模倣によって伝えわたされることはできない。

オペラント条件づけは、ある行動がそれをおこなった動物に報酬また罰を与え、したがってその頻度を増大または減少させる場合である。スキナーは、ケージのなかのラットまたはハトにレバーを押して食べ物を得させるこの種の試行錯誤学習を研究したことで有名である。私のネコはたぶんオペラント条件づけによってネコ扉を使うことを学習したのであり、ハタネズミのうまい捕まえ方もそうだろう。彼女はまた同じ方法で餌ねだりも学習した。最初は、私が魚をぶら下げているところへ鼻先を上げるという微かな試みをした。やがて、形成（shaping）という過程を通じて、私は彼女がしだいに近くで餌ねだりするよう徐々に報酬を与えていき、最後には皿を背中に隠して「ハップ」と言うようにした。小さくてか弱い動物に対する大きくて強力な動物のフェアでない扱いだと考えられる向きには、このネコが必要とするときに、机から立って体を撫でにいくよう、みごとに私を調教したことを指摘しておかなければならないだろう。

スキナーはまた、オペラント条件づけと自然淘汰の類似性を指摘している——ある行動は積極的に選ばれ、その他の行動は除去される。このようにして、学習は、行動を発現するための指示が自己複製子であるような一つの進化的システムと見ることができる。学習と脳の発達に関する淘汰理論はいくつか提唱されているが、行動が模倣によって伝えわたせない以上、それはミームになりえず、その淘汰はミーム淘汰ではない。

人間の学習のほとんどはスキナー主義的なもので、ミーム学的なものではない。意識的あるいは無意識的に、両親は子供の行動を強化するという方法によって形づくる。子供にとって最高の報酬は注目であり、報酬は罰よりも有効である。そこで、もし両親が子供がうまく行動したときに多くの注目を寄せ、泣き叫んだり、かんしゃくを起こしたときに無関心を装うと、正しく行動することが単純に子供の最大の利益になるので、彼らはそうするようになる。子供のためになんでもしてやる両親は、最終的に依存心の強い子供をもつのに対して、子供に自分でゲーム・キットを見つけることを期待し、もし学校に遅刻したら先生にお目玉を頂戴するにまかせる両親は、最終的に自分に対して責任をもつ子供をもつことになる。あなたは自分の娘にバイクの乗り方を教えたと思っているかもしれないが、十中八九、あなたはただバイクを買い、励ましを与えただけで、あとの残りは試行錯誤がやってのけたのだ。こうしたことすべて（そもそもバイクに乗ろうという発想は別にして）のなかに、何かミーム的なものが必ずしも存在するわけではない。私たちが学習することのほとんどは、自分だけでしか学ばないものであり、伝えわたすことができないのである。

おそらく実践的には、模倣によって個人的に学習したことと、別の形で学習したこととを解きほぐすことはできないだろう――しかし、原理的に二つは異なっている。私たちはミームではないものをたくさん知っている。けれども、私たちの知っていることは事実上すべてミームであるとほのめかしている著者もいる（たとえば、Brodie 1996; Gabora 1997; Lynch 1997）。ブロディは、オペラント条件づけを、そして実はすべての条件づけをミームに含めている。ガボラはさらに先へ踏み出して、「一瞬でも経験の対象になりうるあらゆる事柄」をミームに含めている。この言い方は甚だしく混乱を招くものである。それは自己複製子としてのミームという観念の力をすべて奪いさり、意識をどのように扱うかというすでにして困難な問題に何一つ付け加えていない。もし、私たちが前へ進もうとしているのなら、私たちの明解かつ単純な定義を手放さないでいる必要がある。

情緒についてはどうだろう。情緒は人間の生活の密接不可分な一部であり、合理的な思考や意志決定において重要な役割を果たしてさえいる。神経学者アントニオ・ダマジオは（Damasio 1994）、脳の、しばしば前頭葉における損傷のために正常な情緒的反応を失い、情緒的に平板《フラット》になってしまった多数の患者を研究してきた。そういう患者は、超合理的に意志決定をする人間になり、いらざる情緒のためにいらいらと注意が散漫になるということがまったくなしに自分の人生設計をすることができると思われるかもしれないが、まったくそうではなく、優柔不断でほとんど麻痺状態になってしまう。ピクルスとかぼちゃチップか、チーズとオニオンか、そのどちらを選ぶべきかということが、長く慎重に考えなければ解決できない神経をきりきり悩ますジレンマとなってしまい、正常な生活を送ることができなくなってしまうのである。私たちの多くは、「さて、今日はチーズとオニオンがよさそうだ」と考えるだけで、起こりうるさまざまな結果について判断し、過去のさまざまな経験を評価し、それらをヒトという種に特異的な好みのなかに投げ込んで、私たちの脳のちっぽけな言語野に「チーズとオニオンを頂きたいと思いますが――もし品切れでなければ」と言わせるような、なんらかの大まかで素早い身体的反応を提供するという、情緒がなしとげた複雑な仕事に気づくことはない。スタートレック〔新シリーズ〕のミスター・データ〔完全な知性をもつアンドロイドという設定の登場人物〕はまったく信じがたい。もし彼が本当に感情をもっていなければ、朝になったら起きるべきかどうか、いつピカード艦長に話しかければいいか、紅茶またはコーヒーを飲むべきかどうかを決定することができないであろう。

情緒と思考は別の形でも密接に関連しあっている。アドレナリンやノルアドレナリンのような情緒をコントロールするホルモンはかなり少数しか存在しないが、私たちは、その心理学的な反応をどのように解釈し、どのようなラベルを貼るかに従って非常に幅の広い異なった経験をすることができる。このような形で、ミームが私たちの情緒のなかに含まれるようになると言うことはできるが、情緒ははたしてミームだろうか？　答えは、模倣によって誰かほかの人間に伝達することができるときにのみ、そうだということになる。

「私が今感じていることをあなたはたぶん知ることはできない」というのは、ほとんど自明の理である。情緒は個人的なもので、人に伝えるのがむずかしいのはまぎれもない。私たちは、それを何か慎ましい形で伝えようとして、詩を書き、バラを贈り、絵を描く。もちろん、誰かほかの人間から情緒を取り込むことができるかもしれず、悲嘆にくれる人に反応して悲しみの涙があふれ出る場合のように、それは確かに模倣のように見える。一人が何かをすれば別の人が同じことをするのだから、行動のこのような伝染性の拡まりは模倣のように見える。しかし厳密にいえばそうではない。それがなぜかを理解するためには、模倣を定義する必要がある。

模倣、伝染と社会的学習

心理学者エドワード・リー・ソーンダイクが、たぶん初めて模倣を「ある行為の仕方を、それがなされたところを見て憶える学習」として明解に定義した（Thorndike 1898）。ソーンダイクの定義は（視覚的な情報に限定されてはいるが）、模倣においては誰かほかの人間を真似することによって新しい行動が学習されるという本質的な概念をとらえている。一〇〇年後、私たちは「伝染」や「社会学習」と「真の模倣」を区別する際にこの点の重要性を理解できる。

「伝染（contagion）」という用語は、さまざまに異なった使い方で用いられる。思想を伝染性のものと考え、ミームの普及を感染症や伝染病の流行と比較することもできよう（Lynch 1996）。また、熱狂やあるいは自殺さえ含めた行動が、社会を通じて拡がっていくことを記述するのに「社会的伝染」という用語が使われている（Levy and Nail 1993; Marden 1998）。けれども、私が模倣と対照させたいと思っているのはこういった種類の伝染ではない。むしろ私は、本能的模倣、行動的伝染、社会的助長、共働、あるいは（単純に）伝染など、さまざまな呼び方をされてきたもの（Whiten and Ham 1992）を意味している。残念ながら、社会心理学者はしばしば模倣と伝染を混同し、あるいはそれを同一のものとして扱う（Grosser *et al.* 1951; Levy and Nail 1993）。けれども、比較心理学者たち（動物の行動と人間の行動を比較する人々）は最近、有効な区別を明確にした。

あくび、咳、笑いはすべてきわめて伝染性が強い。実際、まわりの誰もがすでに笑い出しているのに笑わないでいるのはむずかしいだろう。この種の伝染は、誰かほかの人の笑いやあくびを感知して、それに対する反応として同じ生得的行動を触発する特別な刺激特性感知器に依存すると考えられている。ほかの動物では、警戒声その他の音声が伝染することがあるが、伝染性の笑いは人間にだけ限られているようである（Provine 1996）。それ以外の例としては、群衆のなかに気分や情緒が拡がっていくことや、ほかの人々が何かをじっと見つめているのを目にすると立ち止まって自分も見る性癖なども含まれる。

この種の伝染は真の模倣ではない。ソーンダイクの単純な定義を考察することによって、その理由を理解できる。あくび、咳、笑い、および見ることは生得的な行動である。ほかの誰かが笑っているからという理由で笑いはじめるとき、私たちは「その行為のやり方を」学習したわけではない。私たちはすでに笑い方を知っており、その笑い方は耳にした笑い声の種類をモデルにしたものでもない。私たちは、したがって、この種の伝染は模倣ではなく、したがって、ミーム的なものに含めるべきではない。

次に、社会的学習（個体的学習に対立するものとしての）があるが、これはほかの動物や人間を観察したり、それらと相互作用することによって影響を受ける学習のことである。模倣は社会的学習の一形態ではあるが、真の模倣ではないものもある。動物研究者たちは最近、そうした学習の種類を区別し、どの動物が真の模倣をおこなうことができるかを見つけだすことにおいて、かなりの進展をみせている（Heyes and Galef 1996）。その結果は驚くべきものであった。

一九二一年に、イングランド南部で、シジュウカラ（庭に来る小鳥）が玄関の階段に置いてある牛乳瓶のロウ紙の蓋をこじ開けるのが目撃された。やがてこの習性は、イングランド全域およびスコットランドとウェールズの一部にまで拡がるとともに、ほかの種の小鳥もそれに加わり、アルミホイルの蓋もつついて穴を開けられるようになった。シジュウカラがお互いから学習したことは、この技が村から村へ徐々に拡がっていき、異なった地域へ飛び移ったことから示唆されるが、しかし、明らかに何度かは独立に再発明されていた（Fisher and Hinde 1949）。スーパーマーケットとボール紙製の牛乳パックの出現とともに、牛乳配達が置いていく牛乳瓶の数は少なくなっていったが、今日でさえ、まれに銀紙の蓋がつつき破られているのを見ることがあるだろう。

牛乳瓶つつきの普及は単純な文化的現象であったが、純粋主義者はそれが模倣に基づいておらず、単純な種類の社会的学習に基づいていると主張するだろう（Sherry and Galef 1984）。一羽の小鳥が試行錯誤によって、瓶の底にクリームが残っていてつつけば食べられることを学習したと想像してほしい。そこへたまたま別の小鳥が通りかかり、つつく動作と、あきらかにつつかれた蓋を見る。つつきはシジュウカラにとって自然な動作で、今や二番めの小鳥の関心はその瓶に注がれているので、そこに降りたってつついてみる可能性は高い。おいしい味のクリームという形の強化によって、この小鳥はこの動作を繰り返すようになり、おそらくそれをほかの小鳥に見られるだろう。そして同じようなことがつづいていく。小鳥たちが瓶を開けるのにさまざまな異なった方法を用いるという事実もまた、彼らが直接の模倣によって学習していないことを示唆している。

この種の社会的学習はときに「刺激強化」とも呼ばれる——刺激が、この場合は瓶の蓋であるが、ますます容易に注意を引くようになっていったのである。同じように、「局所的強化」は、注意が特別な場所に寄せられるときである。動物はどういう対象や場所を恐れるべきかあるいは無視すべきかもお互いから学習する。たとえば、若いアカゲザルは親ザルがヘビに対して慎重に反応するのを見てヘビを避けることを学習するし、タコはほかのタコが何かを攻撃しているところを見れば、それを攻撃するだろう。小鳥やウサギは怖れを示さない仲間に従うことで、列車が恐くないことを学習し、したがってそのギョッとするような音にもなれていく。ミヤコドリはそれぞれの伝統に従って、くちばしを突き刺してこじるか叩き割るかのいずれかの方法でイガイの殻を開ける。渡り鳥はほかの鳥から渡りのルートやねぐらの選び方を学習する（Bonner 1980 は数多くの興味深い例を示している）。しかし、これらの過程のどれ一つとして真の模倣ではない。なぜなら、何一つ新しい行動がある動物から別の動物へ伝えわたされていないからである（社会的学習および模倣についての概説は、Heyes and Galef 1996; Whiten and Ham 1992; Zentall and Galef 1988 を参照）。

模倣に基づく文化的学習のように見えるその他の有名な例として、イモ洗いを学習したニホンザルの群れや、シロアリ塚のなかに棒を突き刺してシロアリを釣ることを学習したチンパンジーなどがある。けれども、こうした技の拡まり方と、当の動物たちの学習能力をさらに研究した結果は、こうした慣習のいずれもが、個体的学習と先に述べたたぐいの社会的学習に基づくものであることを示唆している（Galef 1992）。そこでもし、本当に厳密であろうと欲するならば、瓶の蓋つつき、シロアリ釣り、イモ洗いは真のミームではないと言わなければならない——確かに、非常に近いものではあるが。

目覚まし時計の音そっくりにさえずったり、自動車の警報装置の真似をするあなたの近所のクロウタドリについてはどうだろう？　鳥類では真の模倣が確かに起こる。ただし、その模倣の能力は音、しかもかなり特殊な種類の音だけに限られている（考えられる例外としてオウムがあり、これは単純な身振りを模倣できるかもしれない）。このような理由で、鳥のさえずりは長い間特別な事例として扱われてきた（Bonner 1980; Delius 1989; Thorndike 1898; Whiten and Ham 1992）。多くの鳴鳥は長い伝統をもっている。若鳥は両親や近くにいる鳥から何を歌うかを学習する。たとえば、ズアオアトリでは、巣立ち前の雛は自分でさえずることができるようになるずっと前に父親のさえずりを聞いていることがある。二〜三カ月後、若鳥は非常に幅広い多様な音を出しはじめ、徐々に幅を狭めていって、最後には雛のときに聞いたさえずりになる。実験の示すところによれば、学習には臨界期があり、若鳥は自分のさえずりを聞き、その歌声を模倣すべきさえずりに合致させなければならない。飼って育てられた鳥はテープレコーダーからさえずりを学習することができ、ほかの鳥に養われた鳥は、生物学的な親鳥よりも養い親の方に似たさえずりをする。いくつかの種の鳥は近くにいる鳥から多様なさえずりを学習することができ、オウムや九官鳥のような少数のものは、人間の話しことばを模倣することができる。そこで、私たちは鳥のさえずりをミームに含めることができる。それどころか、ズアオアトリのさえずりの文化的進化が、さえずりミームの突然変異、交流、浮動という観点から実際に研究されており（Lynch *et al.* 1989）、また、ウタイミツスイのさえずりの研究は、彼らのさえずりのミーム・プールが近隣諸島におけるよりもオーストラリア本土においてより多様性に富むことを示している（Baker 1996）。したがって鳥のさえずりは、以前に考察した社会的学習の例とは違ったものなのである。

その違いはこんなふうに言うことができる。模倣が他者の観察を通じて行動の仕方について何事かを学ぶことであるのに対して、社会的学習は他者の観察を通じて環境について学ぶことである（Heyes 1993）。シジュウカラはつつき方はすでに知っていた。彼らは何をつつくべきかだけを学んだのだ。サルたちは恐れ方はすでに知っていた、彼らは何を恐れるべきかだけを学んだのだ。

ほぼ一世紀にもわたる研究のあとにも、人間以外の動物における真の模倣の証拠はごくごくわずかしか存在しない。鳥のさえずりは明らかに例外であり、水中の世界のイルカ類の模倣については単に私たちが知らないだけなのかもしれない。人間の家族に育てられたチンパンジーやゴリラは、まれに、野生の仲間がけっしてしないようなやり方で模倣する（Tomasello *et al.* 1993）。けれども、類人猿と人間の子供に同じ問題を与えると、人間の子供だけがすぐに模倣を用いてそれを解くことができる（Call and Tomasello 1995）。私たちが模倣を意味するのに「猿まねする（to ape）」という動詞を使うのはまちがっているように思われる。なぜなら、類人猿はめったに猿まねしないからである。

対照的に、人間は「完成の域に達した物まね万能選手」である（Meltzoff 1988, p.59）。人間の幼児は広い範囲の音声、身振り、対象物への動作、あるいは頭を曲げてプラスチック板につけるといった完璧に恣意的な動作さえ模倣することができる。生後一四カ月になると、一週間かそれ以上前のことを遅れて模倣することさえできるし（Meltzoff 1988）、いつ大人に模倣されたかを知っているように思われる（Meltzoff 1996）。ほかのどんな動物とも違って、私たちはほとんどあらゆることをいつでも模倣できるし、そうすることに喜びを感じているように思われる。

もし、ミームを模倣によって伝達されるものと定義すれば、人間だけが広範なミーム的伝達をおこなうことができると結論せざるをえない。ほかの何人かの理論家たちは、文化的伝達の定義にあらゆる形の社会的学習を含めている（たとえば、Boyd and Richerson 1985; Delius 1989）。彼らの数学モデルはすべてにうまくあてはめることができるかもしれないが、私としては、もともとのミームの定義を守る方がミーム学にとっていいだろうと言いたい。その理由は、ほかの形の社会的学習は、その行動が本当にコピーされることがないがゆえに、真の遺伝性をもつ自己複製システムを支えることができないからである。

私たちはそれを、こんなふうに考えることができる。社会的学習においては、一匹の動物が個体的学習のあいだに新しい行動を発明したとして、そのあとどういう形であれ、二匹めの動物をおそらく同じ新しい行動を学習するような状況に導く――あるいはたぶん、最初の一匹が二匹めの動物の学習の付随事象を変えるような形でふるまうことができ、その結果、二匹めが同じ（またはよく似た）新しい行動を学習するようになる。この結果は、真似《コピー》をしたように見えるが、そうではない。なぜなら、その行動は二番めの学習者によってあらためてつくられなければならないからである。社会的状況と最初の個体の行動は一定の役割を果たしてはいるが、最初の行動の細部が伝達されているわけではなく、したがって、さらなる選択的なコピーによって付け加えられていったり、洗練されていくことはありえないからである。この意味で、真の遺伝性は存在しないのだ。このことは、新しい自己複製子も、真の進化もないことを意味し、したがって、この過程をミーム学的と見なすべきではないのである。

対照的に、どんなことでも模倣できる技能は、人間がほとんど無限の種類の新しい行動を発明でき、それをお互いどうしでコピーしていけるということを意味する。もし、ミームを模倣によって伝達されるものと定義すれば、このコピー過程によって伝達されるものは何であれミームである。ミームは必要な三つの条件をすべて示すがゆえに自己複製子としての役割を満たしている。その三条件とは、遺伝性（行動の形と細部がコピーされる）、変異（誤り、潤色、その他の変異をともなってコピーされる）、そして淘汰（一部の行動だけがうまくコピーされる）。これが真の進化過程である。

＊
＊

今や私たちは模倣がまれで特別なものであることを確認したが、模倣という行為のなかにいったい何がともなうのであろうか。幼児や子供の模倣についてはかなりの研究があり（Meltzoff and Moore 1977; Whiten *et al.* 1996; Yando *et al.* 1978）、スポーツ、社会的順応、および暴力的なテレビ番組がそれを真似た暴力を引き起こすかどうか（Bandura and Walters 1963）、自殺、交通事故、さらには殺人さえもが模倣によって拡がりうるか（Marsden 1998b; Phillips 1980）といった問題に関する研究もいくらかある。けれども、模倣の根底になるメカニズムについてはほとんど研究がないので、私はここで少しばかり、推測をしなければならない。

この過程は、現代産業においてありふれたアイデア盗みの方法である「リバース・エンジニアリング」［コンピューターなど製品を分解してアイデアを盗む技術］になぞらえることができるかもしれない。もし、不謹慎な製造業者が最新のハイテクＣＤプレーヤーの廉価製品をつくりたいと思うと、特別な訓練を受けた技術者が本物の製品をバラバラに分解して、それぞれの部品がどのような働きをし、どのようにすれば作ることができるかをつきとめようと試みる。運が良ければ、同じ性能を持つ独自の製品をつくることができるかもしれない——特許使用料を払わずに。しかし、それは簡単なことではない。

今あなたが単純な一つの動作を真似しようとしていると想像してほしい。私は手をトランペットの形にして口に当て、それを上に向けて「デ・タム・デ・タム」とハミングするとする。あなたが肉体的にそうできないのでないかぎり、私の真似をするのにほとんど何の苦労もしないことに賭けてもいい——そして、それを眺めていた人々は、あなたがうまくやってのけたかそうでないかについて、意見が一致するだろう。それのどんなところがむずかしいというのだろう。

すべてがだ。まず第一に、あなた（あるいはむしろ何らかの無意識な脳のメカニズム）はその動作のどの側面《アスペクト》をコピーするかを決めなければならない——あなたの脚の角度が問題か？あるいは足の位置か？あなたの手がトランペットのようなものに見えることがもっと重要なのか、それとも両手の正確な位置ができるかぎり私のトランペットの位置に近い方が重要なのだろうか？あなたのハミングは同じキーでなければいけないのか、それともメロディが同じだけでいいのか？あなた自身でもきっと独自の問いをつくりあげることができるに違いない。コピーすべき重要な側面を決めたあと、非常にむずかしい一連の変形をなしとげなければならない。あなたは、たとえば、横から私を眺める。あなたが自分でそれをおこなうときには、私の動作について見たことの何一つとして、あなたの視野から見える動作のやり方には対応していないだろう。あなたは「トランペット」の手前の端から自分の手しか見えないだろう。何とかして、あなたの脳は私の動作の変形した姿をつくりだし、あなたの動作が他人から見たとき私の動作のように見えるようにするためのあらゆることをあなたの筋肉にさせるように指示しなければならないのである。どうやら、話がこんがらかってきはじめたようだ。

話がこんがらかってきたように聞こえるのは、実際にそうだからである。模倣は実際に必ず以下のことを含んでいる。(a)何を模倣するか、あるいは何が「同じ」または「類似」であるとみなすかの決定。(b)一つの視点から見たものを別の視点から見たものへ変える複雑な変形。(c)対応する体の動きをつくること。

このたぐいの自然な動作がどれほどむずかしいかにひとたび気がつけば、私たちにはそれができないだろうと考えたくなってしまう――ところが、明らかに私たちは実際にそうしている。あるいは、ミーム現象に関する科学がそれほど特異なものに基づいていることはありえないということか。人間の生活が本当はこのようなものだということを思い起こすだけで、私は元気づけられる。私たちはどんなときにも実際にお互いにコピーしあっており、模倣があまりにも簡単にできるがゆえに、そこに含まれていることを過小評価するのである。私たちがお互いにコピーしあうとき、どんなにぼんやりしたものであれ、何かが伝えわたされているのである。その何かこそミームである。そして、ミームの視点に立つことこそが、ミーム学の基礎なのである。

5 ミームをめぐる三つの問題

ベートーヴェンの『第五交響曲』はミームだろうか、それとも最初の四つの音だけがミームなのだろうか？

これはミーム学について真の意味の疑問を提起するが、それは探求に価する疑問である――しかし、私はそれが問題だとは思わない。しばしば提起され、解決しようと試みる価値のある異論がいくつか存在する。私はこれから三つの問題について考察していき、すべて解決できるかあるいは不適切な問題であると論じるつもりである。

ミームの単位を特定できない

偶然によってか、あるいはミーム的伝達によってか、ベートーヴェンはこの問題を例証するのに好んで使われる例である。ブロディはベートーヴェンの『第五交響曲』を使い（Brodie 1996）、ドーキンスは『第九』（Dawkins 1976）、そしてデネットは『第五』と『第七』の両方を使っている（Dennet 1995)。デネットはベートーヴェンの『第五』の最初の四つの音が、とんでもなく成功したミームで、ベートーヴェンの作品がまったく知られていない文脈において、自分だけで自己複製しつづけていると付け加えている。そこで、この四つの音がミームなのか、それとも交響曲全体なのか？

もし、この疑問に答えることができなければ、私たちはミームの単位を特定できない。一部の人々は、これがミーム学にとって一つの問題であるとはっきり思っている。たとえば、ジェイコブ・ブロノフスキーは、なぜ私たちが社会的な変化についてもっとよく理解できないのかといぶかしがり、私たちがそれにかかわる単位を突き止められないことを非難した（Hull 1982）。私は人々が「あなたたちはミームの単位が何であるかさえ言うことができない」という理由でミーム学の考え方全体を退けるのを耳にしたことがある。確かにそれは事実で、私たちはできない。しかし私はそれが必要だとは思わない。自己複製子は既成のラベルが貼られた単位にきっちりとまとめられている必要はないのである。遺伝子が私たちのもっともよく知っている例であるのだから、それについても同じ問題点を検討すべきである。

遺伝子を定義するのは簡単ではなく、実際にこの用語は、育種家《ブリーダー》、遺伝学者、分子生物学者によってまったく違った使い方をされている。なぜなら、それぞれ異なった事柄に関心があるからである。分子のレベルでは、遺伝子はDNA分子に沿って並ぶヌクレオチドの配列からなっている。異なった長さのDNAに対して別の名前が与えられており、たとえば、コドンは三つのヌクレオチドの配列であり、シストロンは一つのタンパク質構築のための指示を提供できるだけの長さのヌクレオチドの配列である——開始と終止の暗号もつけて。どちらも有性生殖にさいして必ずしもそのまま丸ごと伝えわたされるわけではないし、私たちが何かの「ための」遺伝子として考えるものに必ずしも対応しているわけでもない。ＤＮＡはタンパク質合成の指示を提供するが、そこから青い眼や茶色の眼をもったり、性的魅力のある男にしたり、音楽の才能をもつまでには、はるかな道のりがある。しかし、自然淘汰が作用するのはこういった遺伝子の効果に対してなのである。そこで、遺伝子の単位は何だろう？

おそらく最終的な答えはないだろう。一つの有益な示唆は、遺伝子はしかるべき淘汰圧の対象となるにたるだけの期間にわたって持続する遺伝性の情報であるはずだということである。あまりに短すぎるＤＮＡの配列は無意味である――それはほとんど無限に持続し、世代から世代へとまったく同じように伝えられていくが、数え切れないほど異なる種類のタンパク質合成と数え切れないほど異なる表現型への効果にかかわる。あまりにも長すぎる配列は、自然淘汰によって取捨されるだけ十分な世代にわたって存続することができない。そこで、中間的な長さのものが選ばれることになるが、これとても、淘汰圧の強さによって変化する（Dawkins 1976; Williams 1966 を参照）。

何を遺伝子として認めるかということにまつわるこの特有の不確実性は、遺伝学や生物学の進歩を妨げはしなかった。それは人々に「私たちは遺伝子の単位が何であるかを決定できないから、遺伝学、生物学、そして進化論は放棄しよう」と言わせることはなかった。これらの科学は、何であれそのとき彼らがおこなっていることにもっとも役に立つと思う単位を使うことによって、うまく作動するのである。

同じ論理はミーム学にも当てはまる。デネットはミームの単位を「信頼性と多産性をもって自己複製できる最小の要素」と定義する（Dennett 1995, p.344）。ピンクの塗料のしみはミーム学的な淘汰圧を適用するには――面白がられるか嫌われるか、写真に撮られるか無視されるかするには――小さすぎる。一つの画廊全体では大きすぎる。一枚の絵画は私たちの大部分にとって自然な単位であり、それがファン・ゴッホの『ひまわり』をおぼえていたり、エドワード・ムンクの『叫び』の絵はがきを買う理由である。印象派やキュビズムといった絵画の様式もコピーすることができ、したがってミームに含まれるが、単位として分割することはほとんどできない。一つの単語は著作権を主張するには短すぎ、蔵書全体では長すぎるが、気の利いたコマーシャル・ソングから一〇万語の本までなら何でも著作権を主張できるし、実際そうしている。こういったものはどれもミームに含めることができる。「ミームの単位は本当のところ何なのか」という疑問に正しい答えは存在しないのである。

四つの音ではミームとするには短すぎると主張してしまったことになるのかもしれないが、みんなのお気に入りの例は私がまちがっていることを示している。もし、一人の音楽の天才がちょうどまさにこの四つの音を選んで、すばらしい交響曲の冒頭におき、その作品が運よくマスコミュニケーションの時代まで生き延びれば、彼の四つの音は文字通り何十億という人々に聴かれ、記憶されることができる。もしあなたがそのうちの一人で、今やその四つの音を忘れてしまうことができないのなら、お気の毒である。

この問題――なぜ私はそのメロディを忘れてしまうことができないのか――は、作用中のミーム学のうまい実例を提供してくれるもので、それを用いて、ミームの大きさはどうでもよいことを示してみよう。

なぜ、ときにメロディが私の頭のなかでぐるぐるめぐり、どこへも行こうとしないのだろうか？　なぜ私たちはそんなことをする脳をもっているのか？　一日中『コーク・リフレッシュ・ユー・ベスト』（コカコーラのコマーシャル・ソング）や『ネイバーズ』の主題歌を歌ってすごすことが私にとってどんな役に立つと考えられるのか？　ミーム学からの答えは、それは私にはまったく役に立たないということになる――しかし、ミームにとっては役に立つ。

ミームは自己複製子であり、もし自らをコピーさせることができれば、そうするのである。脳の模倣機構は、コピーされるメロディにとってとびきりの環境である。そこでもし、あるメロディが十分におぼえやすく、脳にとどまることができ、しようと思えば次に伝えわたしていけるならば――そして、それが本当におぼえやすく、あるいは歌いやすく、演奏しやすければ、たくさんの脳に入り込んでいくだろう。たまたまそれが、どこかのテレビ・プロデューサーが新しいメロドラマをはじめるのに必要としていたものにまさにぴったりであることがわかれば、さらに多くの脳に入っていくことになるだろう。そしてあなたがそれを口ずさみだすたびに、誰かがそれを耳にするチャンスがあり、あなたは彼らにそれをはじめさせることになるだろう。しばらくするうちに、たくさんのほかのメロディは二度と耳にすることがなくなる。こうしたことすべての結果、成功したものは他のメロディの犠牲のうえでミーム・プールのなかで数を増やすことになる。私たちはみなそれに感染し、それが記憶にたくわえられ、ますます簡単に活性化されるようになって、まだ染まっていないどんな人へも伝えわたされるようになる。こういった歌はどれも私たちの利益にならないし、私たちの遺伝子の利益にもならない。恐ろしいメロディにつきまとわれるのは、メロディを模倣することができる脳をもつことから生じる避けられない帰結なのである。

この議論が、なぜある楽曲が歌われ、あるいは好かれることがあるのに他のものがそうではないかの個別の理由とはいっさいかかわりなく通用することに注意してほしい。そうした理由としては、たとえば、ある種の音に対する生得的な好み、音の予想可能性と不可能性のなかに見いだされる喜び、あるいは全体的な複雑さが含まれるかもしれない。ギャザラーは、その構成部分の適応性という観点から、それぞれの時代における複雑さ、おぼえやすさ、および利用できる技術を調べて、ジャズの発達を探求した（Gatherer 1997）。単純なメロディはおぼえやすいが、人々のあいだに伝えられていくほど関心を引くことはないだろう。複雑な即興音楽も進化しうるが、熟達のミュージシャンと聴衆の共同体の内部でしか生き残らないだろう。一方、さらに複雑な音楽は単純におぼえるのにはむずかしすぎて、たとえ楽しむことができたとしても、複製されることに失敗するだろう。将来のミーム学が、音楽において複製を成功させるものが何であるかを発見するかもしれない。いかにして、異なった種類の音楽が異なった生態的地位《ニッチ》――たとえば、少数派集団のあいだでだけおこなわれる特別な複製、あるいは短命な大衆的流行のように――を満たすことができるかが明らかにされるかもしれない。しかし、こういった事柄のどれ一つとして、私がここで述べようとする単純な議論にとって問題ではないことに注意してほしい。つまり、あなたをとらえ、頭のなかで復唱させるようなどんなおぼえやすいメロディも、他人に伝えわたされていくことになり、その結果、私たちはみなそのようなメロディに出会うことになり、それを「つかんでしまう」危険があるのである。

こうして、ミーム学は、頭のなかをぐるぐる回ってイライラさせられるメロディについての、単純で明解な説明を提供する――これは、私たちがなぜ考えること一般を止められないかにも当てはまる。メロディは雑草のようなもので、ひたすら生えようとする。あれやこれやの例において、何をミームの単位にするかが問題になるだろうか？　私はノーと言う。どんな余分な脳の能力でもつかもうとする競合は、競合する指示を私たちがどう分割しようとおかまいのない形で進行する。ミームとは「模倣によって伝えわたされるものなら何でも」である。もしあなたのいらだたしいハミングが、オフィスの残りの人間に、ブレイクのエルサレムの四つの詩句すべてを伝えわたすなら、この霊感にみちた歌の全体がミームである。もしあなたが「ダ・ダ・ダ・ダーン」だけに感染したのなら、このすぐれた古い歴史を持つ四つの音がミームである。

ミームのコピーおよび貯蔵のためのメカニズムがわかっていない

確かに、わかっていない。現在ＤＮＡの作用の仕方について非常によくわかっているという事実から、ミーム学についても同じ理解のレベルが必要だ——ただちに——という推量が容易に導かれてしまう。私はそうは思わない。ＤＮＡのことなど耳にしたこともない以前に、進化の理論がどれほど遠くまで到達したかを忘れてはならない。ダーウィンの『種の起原』は一八五九年に出版された。遺伝学と自然淘汰が統合されたのは、やっと一九三〇年代になってからである（Fisher 1930）。それ以外の領域の科学をも統合してときに現代総合説と呼ばれるネオダーウィン主義の理論がもたらされるのは、ようやく一九四〇年代になってからだ。ＤＮＡの構造が最終的に発見されたのは、一九五〇年代になってからだ（Watson 1968）。ダーウィン主義の最初の一世紀のあいだに、化学的な複製、タンパク質合成の制御、あるいはＤＮＡがそもそも何をしているのかについて誰もがいかなる考えももたないうちに、進化の理解において膨大な成果が達成されたのである。

私たちが二十世紀のまさに終わらんとするときに打ち立てたミーム学は、もう一世紀間は、あまり有効でないように見えるのは疑いないだろう。しかし、それははじめないことの理由にはならない。私たちは、ミーム淘汰の一般原理について、それが依拠している脳のメカニズムの理解なしでも、かなり深いところまでたどりつけるかもしれない。私たちはまた、わかっているわずかなことから、そうしたメカニズムについていくらかの経験に基づいた推測をすることもできる。

まず第一に、少なくともその複製のどこかの段階で、ミームは脳に物理的にたくわえられなければならないと想定できるだろう。貯蔵に関するかぎり、神経科学が記憶の生物学的基盤の解明に向けて長足の進展を遂げつつある。人工的な神経ネットワークによって、人間の記憶の特徴の多くがコンピューターでシュミレーションできることが示されている。シナプス伝達、海馬における長期増強、神経伝達物質に関する研究が、本物の脳が同様のことをしているかどうかを解明しつつある。もしそうならば、人間の記憶がおそらくこれと似たものを操作していると推測していいだろう（たとえば、Churchland and Sejnowski 1992 を参照）。

脳の神経ネットワークは個別細胞の大集合体《アグロメレーション》と、入力（たとえば眼からの、あるいは別のネットワークからの）を受け取る一層の細胞と、出力（たとえば筋肉、発声、その他のネットワークへの）を供給するもう一層の細胞、およびそのあいだにある多数の層からなっている。各ニューロンはほかの多くのニューロンと接続しており、この接続の強さはそれぞれの歴史によって変わる。ある任意のネットワーク状態では、特定の種類の入力は特定の種類の出力をつくりだすが、この関係は固定されていない。このネットワークは、たとえば、特定の種類の入力をつねに対合《ペアリング》させることによって訓練でき、その経験が新しい入力に対する反応を変える。言い換えれば、それは記憶することができるのだ。

この種の記憶は、固定した記憶場所をもつデジタル・コンピューターの記憶とはどこも似てないし、流し込んだものは何でも多かれ少なかれ忠実に複製してしまうテープレコーダーとも似ていない。脳では、あらゆる入力は過去にやってきたものの上に積み上げられる。複雑な経験をする生涯を通じて、私たちは一つ一つをブラックボックスのなかにたくわえ、必要なときにそれを取り出すというふうにはしていない——そうではなく、すべての経験は一つの複雑な脳のなかに入り、そこで見つけたものに強いあるいは弱い影響を与える。ある事柄は事実上何の影響も与えず、まったく記憶されることがない（私たちはそれ以外にしようがない）。あるものは、ちょっとした影響を与えることができ、短期記憶としてつかの間とどまることができるが、やがて失われる。しかしあるものは劇的な変化をもたらし、正確な出来事を容易に再現することができたり、詩をまるまるそらんじることができたり、あるいは特別な顔を決して忘れなかったりするようになる。

有効なミームは、高い忠実度の、長く持続する記憶をもたらすものとなるだろう。ミームは重要であるからとか役に立つがゆえにではなく、おぼえやすいがゆえに広範に拡がることに成功するのかもしれない。科学における誤った理論が単に理解しやすく既存の理論と容易に適合するという理由で普及し、悪書は書店に行ったときにタイトルが思い出しやすいという理由でたくさん売れるかもしれない——ただし、もちろん、私たちはそうした偏向を克服する戦略をもちあわせている。ミーム学の重要な任務は、記憶の心理学をミーム淘汰の理解に統合することとなるだろう。

一部の論者はミームがデジタルでないと主張し（Maynard Smith 1996）、デジタル・システムのみが進化を支えることができると論じる。確かに遺伝子はデジタルで、デジタル記憶装置の方がアナログ記憶装置よりもはるかに望ましいことはまちがいない。私たちはみな、デジタル式のビデオやオーディオ録音装置が以前のアナログ式のものより画質も音質もいいことを知っている。デジタル・システムは、雑音の多い回路を通じてでさえ、はるかにわずかな情報ロスしかともなわずに情報をたくわえ、伝達することを可能にする。けれども、進化がデジタルを基盤としなければならないという法はどこにも存在しない――この問題は、実は複製の質《クオリティ》という問題である。

では、何が良質の自己複製子をもたらすのだろうか？　ドーキンスはそれを三つの単語で要約している――忠実度、多産性、および長寿（Dawkins 1976）。これは、ミームが正確に複製されなければならず、たくさんのコピーがつくられなければならず、コピーが長い時間持続しなければならないということを意味している――もっともこの三つのあいだには妥協《トレード・オフ》があるかもしれない。遺伝子は三つの点すべてで実際にうまくやれ、デジタルであることによってコピーに高い忠実度が与えられる。そこで、脳についてはどうだろうか。

私たちの記憶が、いくつもの言語を学習し、一回の提示で何千枚もの写真を認識し、何十年という長期にわたる生涯の主要なできごとを思い出すのに十分適したものであるのはいうまでもない。だが、ミーム的進化を支えるのに十分適したものなのだろうか？　私はこれが検証可能な経験的疑問であると考える。将来においてミーム学者は、ミーム的進化を支えるためにはどれほど高い忠実度の記憶でなければならないかを決定するような数学的モデルを考案し、知られている人間の記憶能力と比較することができるようになるかもしれない。私の推測では、私たちのミーム記憶は、それが究極的にデジタルなものであると判明するかどうかにかかわりなく、十分によく適したものであることが明らかになるだろう。

第二に、ミームは一人の人間から別の人間に伝達されることに依存しており、その定義上それは模倣によってなされる。模倣についての理解がいかに貧弱なものであるかはすでに見てきたが、少なくとも一つの簡単な予測はできるかもしれない。すなわち、模倣しやすい動作は成功するミームになるが、模倣のむずかしい動作はそうならないだろう。

それとはまったく別に、ミームの効率的な伝達は、人間の好み、注意、情緒、および欲望など——言い換えれば、進化心理学の素材——に決定的に依存している。遺伝的な理由から、私たちはセックス、異性、食物、よりおいしい食物、危険を避けること、そして興奮と権力などへの欲望によって突き動かされる。進化心理学はすでに、ある種のミームが何度も何度も取り込まれるのに対して、ほかのミームが何の影響も与えないのはなぜかを説明するたくさんの情報を提供している。私たちはそれらの情報を利用し、それを足場にする必要がある。

結論を言えば、ミームがどのようにしてたくわえられ、伝達されるかを私たちが詳細に理解していないのは事実である。しかし、私たちはたくさんの手がかりをもっており、十分出発できるだけの知識をもっているのは間違いない。

ミーム的進化は「ラマルク主義的」

生物学的進化はラマルク主義的ではないが文化的な進化はそうである——あるいはそれに似た話を私は耳にしたことがある。この見かけ上の相違はしばしば言及され、多くの論者はそれを問題として扱っている (Boyd and Richerson 1985; Dennett 1991; Gould 1979,1991; Hull 1982; Wispe and Thompson 1976)。人工生命についての最近の議論で、イギリスの生物学者ジョン・メイナード＝スミスは、進化的なシステム——自然または人工の——であるためにはどのような特徴が必要であるかと問いかけ、それが「デジタル暗号と非ラマルク主義的な遺伝ではないか」と示唆した (Maynard Smith

1996, p.177)。そこで、ミーム学的な進化は本当にラマルク主義的なのか？　そして、もしそうだとしたら、それはミーム学にとってどういう意義をもつのだろうか。

第一に、「ラマルク主義的」という用語は、ジャン・バティスト・ド・ラマルクの進化理論のたった一つの側面だけを指すようになってしまっている。ラマルクは、進化における進歩の不可避性や生物が自らの改良に向けて努めることの重要性などを含めて、現在では否定されているあらゆるたぐいの事柄を信じていた。けれども、今日「ラマルク主義」と呼ばれているものは、獲得形質の遺伝の原理のことである。つまり、もしあなたが生涯において何かを学習し、あるいは何らかの変化を成し遂げれば、それをあなたの子供に伝えわたすことができるというのである。

ラマルク主義（この意味での）は生物学的な進化については、少なくとも有性生殖をする種では真実ではない。遺伝の働く道筋が（ダーウィンやラマルクの時代には理解されていなかった）獲得形質の遺伝を不可能にしている。これはときに、十九世紀の末に「生殖質の連続性」と呼ぶものを指摘したアウグスト・ワイスマンにちなんで「ワイスマンの障壁」として知られることもある。もっと現代的な用語を使えば、次のように理解することができる——ヒトの有性生殖を例に用いて。

遺伝子はDNAの中に暗号化され、体の各細胞がもつ対になった染色体の中にたくわえられている。それぞれの人は、染色体上のいかなる遺伝子座にも同じ遺伝子の異なった対立遺伝子（allele）をもっており、各個人の遺伝子の全体的構成は遺伝子型と呼ばれている。これに対応して、最終的にできあがった人物のさまざまな特徴（形質）は表現型と呼ばれる。遺伝子はけっして将来の表現型の青写真でも地図《マップ》でもない。それらはタンパク質を構築するための指示なのである。こうした指示が、生育する胚の発生、およびその独自の環境で発育する大人の発生を制御する。その結果は表現型であり、表現型は出発点となる遺伝子型に大きく依存してはいるが、いかなる意味でも遺伝子型のコピーではないし、それによって完全に決定されているわけでもない。

さて今度は、あなたがたまたま、たとえば、言語の学習、ピアノ演奏の実践、あるいはボディビルで筋肉をつくるといった新しい形質を獲得したと想像していただきたい——つまり、あなたの表現型の変化である。あなたの体のこの変化が、伝えわたされる遺伝子に影響を与える方法はない——ただし、あるものを伝えわたすか伝えわたさないかどうかに影響を与えることはできる。あなたの子供が受け継ぐ遺伝子は、あなたが受け継いだ遺伝子に直接由来するものであり、「生殖細胞系列」として知られているのは、この連綿たる系列のことである。おそらく、もし遺伝子が何らかの形の青写真または地図として作用するのならば、表現型の変化をフィードバックさせて、地図を変えることができそうだが、それは事実ではない。おそらく、卵子と精子をつくるために細胞が分裂する減数分裂の過程は、表現型の変化によって影響を受けることがありうると思うが、いかなる場合にも、そういうことは実際には起こらない。女が卵巣にもっている卵子は彼女が誕生したときにすでにそこにあったものだ。私たちは、生殖細胞系列が継続し続け、世代ごとに遺伝子が混ぜ合わされ、組み換えられるということを想像しなければならない。こうした遺伝子は表現型に指示を与え、表現型は自らの道を歩みはじめ、成功することもあればしないこともあるが、表現型が遺伝子に指示することはない。

そのようなシステムでは、ラマルク主義的遺伝は起こりえないとはいえ、それを探し求める数多くの実験がなされてきた。ワイスマン自身が、マウスの尻尾を何世代にもわたって切りつづけたが、その子孫の尻尾の長さにいかなる明白な影響もあらわれなかった。けれども、これは厳密なラマルク説の検証とはいえない。なぜなら、ラマルクは、キリンが首を伸ばしたり小鳥が飛ぶ訓練をするときのように、生物が改良に向けて努めなければならないと主張しており、ワイスマンのマウスはおそらく自分の尻尾を切り落としてもらうよう努めてはいないからである。ロシアではルイセンコの政府公認の科学はラマルク主義に基づいたものであったが、生物学にいかなる進歩も産みださず、ソヴィエト農業にとっては、彼らの育種計画が失敗したがゆえに破滅的なものであった。

ラマルクの思想は今でも人気があり、さまざまな姿をとってあらわれ、過去の人生の記憶を「遺伝的記憶」のせいにしたり、霊能力を「霊的進化」で説明するのもその例だ。それが人気のある理由はおそらく、私たちのあらゆる勤勉に何らかの効用があり、あるいは自分自身を改良しようと一生懸命努力すれば自分の子供たちに何らかの利益があるという意味合いを含んでいるからだろう。しかし、純粋に遺伝学的な視点からすれば、そのような利益は存在しない。人気はあるかもしれないが、それは率直に言って真実ではない。

少なくども、有性生殖をする種ではラマルク主義は真実ではない。それ以外の種類の生物についてはこの思想はまったく適用不能である。この地球上でもっともありふれた生き物は細菌のような単細胞生物である。細菌は細胞分裂によって繁殖する。いたるところにいるこうした生物については、遺伝子型と表現型の明確な区別が存在せず、遺伝的情報はさまざまな形で交換され、はっきりした生殖細胞系列は存在しない。したがって、ラマルク主義的遺伝という観念全体が不適切なのである。

それなら、文化的進化についてはどうだろう？　答えは遺伝子とミームのあいだにいかなるアナロジーを引き出すかに決定的に依存する。そして、以前にも強調したように、このアナロジーを用いるときは、いつだって非常に慎重でなければならないのである。

アナロジーを引き出す一つの方法は、人間の遺伝子型、表現型、世代という概念にしがみつくことである。この場合、宗教が何世代にもわたって親から子に伝達されていくように、確かに獲得形質は伝えわたされていく。しかしミームは生物学的な世代にしがみつかず、そこいらじゅうを跳びまわることができる。もし私がかぼちゃスープのすばらしい新レシピを発明すれば、私はそれをあなたに伝えることができ、あなたはそれをおばあちゃんに、そしておばあちゃんはその親友に伝えていくことができる。同時にまた、これは生物学的な意味で遺伝的性質ではなく、遺伝子は影響を受けない。したがってラマルク主義的ではないのである。

アナロジーを用いるもっと面白いやり方は、表現型や生物学的な世代については忘れて、ミームとミーム的世代を考察することである。あのスープの場合、私とおばあちゃんの親友とのあいだには三世代がある。各世代ごとに、レシピは脳から台所における行動に行き、また次の脳へ行く（つまり、もしあなたが私のスープを作るところを観ていれば）。獲得形質の遺伝はあっただろうか？　たとえばの話、私の脳のなかのミームは遺伝子型に相当し、台所における私の行動は表現型に相当するとする。すると、答えはイエスで、遺伝はラマルク主義的である。なぜなら、この場合もし私が塩を入れすぎたり、あなたが私の特別のハーブを忘れたり、あるいは私のニンニクの刻み方をコピーしそこなったりすると、おばあちゃんがあなたを観ていれば、あなたはこの新しいヴァージョンを伝えることになり、そして新しい表現型はそれに応じた形質を獲得するからである。

しかし、私がスープを作るところをあなたが観ていなければどうだろう？　私が郵便でレシピを送り、あなたがそれをおばあちゃんにわたし、おばあちゃんが親友のために表現型をこしらえたらどうなるだろう？　いまや状況はまったく異なる。私たちはこんなふうに生物学とのアナロジーを引き出すことができる。書かれたレシピは遺伝子型に似ていて、スープをつくるための指示を含んでいる。

スープは表現型に似ている。スープのおいしい味がこのレシピがコピーされる理由である——あなたのおばあちゃんは、スープが好きだからレシピのコピーを頼んだだけだ。この場合、もし彼女がレシピに正しく従うことに失敗すれば、彼女の変更は誰かがこのレシピを欲しがる確率に影響を与えるかも知れないが、その変更は伝えられていくことはないだろう。なぜなら、それは書かれたレシピ（遺伝子型）のなかにはなく、スープそれ自体（表現型）のなかにしかないからである。この場合、この過程は生物学的な状況と完璧に相似《アナロガス》であり、ラマルク主義的ではない。

こうした異なる伝達の様式を私は、「産物をコピーせよ」および「指示をコピーせよ」と呼ぶことにする。音楽は少しばかり異なった例を提供してくれる。私の娘が友人たちのために美しい楽曲を演奏したところ、そのうちの一人がその演奏を習いたがったと想像してみよう。エミリーは、友達が正確にコピーできる（産物をコピーせよ）ようになるまで何回も演奏するか、あるいは単純に本に載っている楽譜を手渡す（指示をコピーせよ）のどちらかをすることができた。最初のケースでは、エミリーが引き起こしたいかなる変化も伝えわたされていくだろう。そして、そのあとにお互いにコピーを繰り返す一連のピアニストたちが続き、曲はしだいに変わり、各演奏者の誤りや潤色を取り込んでいくことになるだろう。第二のケースでは、（潤色されていない）楽譜のコピーが伝えわたされていくので、各ピアニストの個人的な演奏スタイルは何の影響もおよぼさないだろう。最初のケースではこの過程はラマルク主義的に見えるが、第二のケースではそうは見えない。

生物学的な世界では、有性生殖をする種は指示をコピーすることによって機能している。遺伝子はコピーされる指示であり、表現型は結果で、コピーされない。ミームの世界では、両方の過程が用いられる。「指示をコピーせよ」をダーウィン主義的、「産物をコピーせよ」をラマルク主義的と呼ぶべきだと主張はできるが、そうすることはただ混乱を招くだけだと私は言いたい。私は二つの複製の様式を容易に分離できるような形でスープと音楽について意図的に述べたのだが、現実の世界では両者は分かちがたく混ざりあっている。私からあなたのおばあちゃんの友達まで、スープをつくるための指示は脳から一片の紙に、行動に、別人の脳に、コンピューター・ディスクに、そしてまた別の紙に、さらに別の人の脳に入っていくかも知れない——その道筋に沿ってたくさんの異なった風味をもつスープがつくられていく。それぞれのケースにおいてどれが遺伝子型でどれが表現型なのだろうか？　脳のなかの指示だけをミームとして認めるべきなのだろうか、それとも紙の上の指示も含めるべきなのだろうか？　行動はミームなのか、それともミームの表現型なのだろうか。もし行動が表現型なら、スープについてはどうなのか？　ミームはＤＮＡの堅固な構造に限定されないがゆえに、ミーム的進化には非常に多くの可能性がありうる。それが拡がる方法はいっぱいある。しかし、私たちはこういった疑問に答えることができたとしても、ミーム的進化が本当にラマルク主義的かどうかを決定できるだけだ。私たちは袋小路に入り込んでいるように思われる。

　幸いなことに、悩む必要はない。こういったトラブルのすべては、必要もないときにミームと遺伝子のあいだに密接な類似《アナロジー》があるはずだという期待によって引き起こされる。私たちは「キャンベルの規則」とミーム学の基本原理を思い起こすべきである——遺伝子とミームはともに自己複製子であるが、その他の点では異なっている。生物学的進化からの概念のすべてがミーム的進化にぴったり移しかえられると期待する必要はないし、またするべきではない。もし、そうすれば、ここでしてきたように、トラブルにぶつかるだろう。

　ラマルクに関する私の結論は、「文化的進化はラマルク主義的か」という問いは発しないことが最善だということだ。この問いは、遺伝子とミームのあいだにある種の厳密なアナロジーを引き出したときにのみ意味をなすが、そのようなアナロジーは正当化されない。「ラマルク主義的」という用語は有性生殖する種の生物学的進化という議論にのみ限定するのがいちばんいい。別の種類の進化に行き当たったときには、「指示をコピーせよ」と「産物をコピーせよ」というメカニズムの区別の方がより有効なことがわかるだろう。

用語法

それでは、あのスープを何と呼ぶのだろう。ラマルクについての疑問を発することの価値は、私たちを用語法についての本当の意味で厄介な疑問に直面させるという点にある。これまでの論者の一部は、無理からぬことだが、こういった疑問を回避してきた。しかし、一方で、別の人々はあえて乗りだして、そのうち正当化できなくなりかねないような区別をおこなってきた。実際のところ、ミーム学の用語法は混乱状態にあり、選別の必要がある。これから私は、ミーム、ミーム表現型《フェノタイプ》（時にはフェモタイプと呼ばれる）、およびミーム・ヴィークルという三つの用語の使い方について考察する。

まず最初、私たちは何をミームとみなすべきなのか？　スープの例の場合、それは私の脳にたくわえられた指示なのか、スープそのものなのか、台所における私の行動なのか、紙切れの上に書かれたことばなのか、それともこういったことのすべてか、あるいはどれでもないのか？　スープについては疑っていいかもしれない。なぜなら、それがどれだけ美味でも、味わうだけではそれがどんなふうにつくられたかを簡単に解くことはできないだろうからだ——ただし、熟達のシェフならばたぶんそれができるだろう。ちょうど、音楽家が聴いただけで一つの楽曲を再演できるように。それなら、コピーできないミーム産物とコピーできるミーム産物では違った図式が必要なのか？ 私は意図的に自分で生き方を苦しくしているのだが、そのわけは、いまだにコンセンサスができておらず、もしミーム学が前進を果たそうとするなら、このような根本原理について意見を一致させなければならないだろうからである。すべてを選別するのに助けとなるような定義が存在するかどうか、見ていくことにしよう。

ドーキンスは最初（Dawkins 1976）まったく立場を明らかにせず、「ミーム」という用語を、行動、脳の物理的な構造、および別の形でたくわえられたミーム的情報に適用するのに使った。彼がもともと例にあげたのが、楽曲《メロディ》、思想、標語《キャッチフレーズ》、服装のファッション、壺の作り方あるいはアーチの建造法であったことを思い出してほしい。のちに彼は「ミームは脳のなかにすみついている情報の単位とみなされるべきである（クロークのi文化）」と決めた（Dawkins 1982, p.109）。これは、服装やアーチのなかの情報はミームとみなさないことを意味している。しかし、のちに彼はさらに、「ミームは脳から脳へ、脳から本へ、本から脳へ、脳からコンピューターへ、コンピューターからコンピューターへ増殖することができる」と言っている（Dawkins 1986, p.158）。おそらく、こういったあらゆる形で貯蔵されたものも、依然としてミームとみなされるのだろう――それらが脳のなかにあるときだけでなく。

デネットは、ミームを伝えわたされていく観念（思想）として扱った（Dennett 1991, 1995）。脳のなかにあろうと本のなかにあろうと、あるいは他のなんらかの物理的構造のなかにあろうとも、それらは進化的アルゴリズムを遂行中の情報なのである。彼は、ミームの構造はどんな二つの脳のあいだでも同じではないかもしれない——実際にはほとんど確実に同じではないだろう——が、一人の人間が何らかの行動を実行するとき、彼らの脳にたくわえられた何らかの種類の指示が存在するに違いなく、また誰かがある行動をコピーし、おぼえるときには、それらは何らかの種類の神経的変化を生み出してもいるに違いないと指摘する。ダーハムもまた（Durham 1991）、同じように、それがどのようにしてたくわえられているかにかかわりなく、ミームを情報として扱っている。

対照的に、デリウスは（Delius 1989, p.45）はミームを「神経ネットワークの内部にある活性化されたシナプスと活性化されていないシナプスの集塊」として記述した。リンチはミームを記憶の抽象と定義し（Lynch 1991）、グラントはそのミーム学辞書において、ミームを人間の心に影響を与える情報パターンとして定義している（Grant 1990）。おそらく、こうした定義に基づけば、ミームが本や建物によって運ばれることはありえず、本や建物にはほかの何らかの役割が与えられなければならない。それは、さらに細かな区別を用いることによってなされてきた。

区別をなすための通常の方法は、当然ながら、遺伝子とのアナロジーによってである。よくあるやり方は、表現型という概念を使うことである。クロークはこれを初めておこなった人で（Cloak 1975）、それについては非常に明解だった。彼はi文化を人々の頭のなかにある指示、m文化を人々の行動、技術、社会組織の特徴と定義した。彼はこのi文化を遺伝子型、m文化を表現型にはっきりとなぞらえた。すでに見たように、ドーキンスは当初そのような区別をおこなわなかったが、『延長された表現型』において、「残念ながら、クロークと違って、……私は、一方の自己複製子としてのミームそのものと他方の〈表現型効果〉あるいは〈ミームの産物〉との区別を十分にはっきりさせてはいなかった」（Dawkins 1982, p.109）と言う。ひきつづいて彼は、脳のなかに物理的に実現された構造としてのミームの記述に進む。

デネットも（Dennett 1995）もミームとその表現型効果について語っているが、違ったやり方においてである。ミームは内的なもの（脳に限定されないとはいえ）であるのに対して、それが世界に示すデザイン、「その環境内の事物に影響を与えるやり方」は、その表現型である。これとほとんど完全に逆の形で、ベンゾンは（Benzon 1996）は、壺、ナイフ、およびことば（クロークのm文化）を遺伝子に、思想、欲望、情緒（i文化）を表現型になぞらえる。ガボラは（Gabora 1997）、遺伝子型をミームの心的なあらわれに、表現型をその道具になぞらえている。デリウスは（Delius 1989）は、ミームを脳のなかにあるものと定義したあと、ミームの表現型的表現としての行動について言及するが、彼の論じた服装のファッションの役割については曖昧なままにとどまっている。グラント（Grant 1990）は、「ミモタイプ」をミームの実際的な情報内容と定義し、それを「ソシオタイプ」すなわち社会的な表現と区別する。彼のミモタイプ／ソシオタイプの区別ははっきりと表現型／遺伝子型の区別を基にしている。

これらの考え方には一部共通するところもあるが、まったく同じではなく、どれがましなのか、少なくとも私には明らかではない。全体として、産物のコピーと指示のコピーの違いを評価していないがゆえに、私にはどれも実際に有効だとは思えない。表現型という概念は一方には簡単にあてはまるが他方にはそうではなく、ほかの伝達様式があるかもしれない。したがって私は、明解でまぎれの余地ない定義を与えることができないがゆえに、ミーム表現型という概念を用いないことにする。

ヴィークルという概念についてはは別のアナロジーがなされている。ドーキンスがもともと自己複製子とヴィークルの区別を導入したのは、遺伝的淘汰の文脈で、遺伝子が利己的な自己複製子であることをはっきりさせるためであり、それに対して生きていたり死んだりするのは、それよりはるかに大きな単位――典型的には丸ごとの生物個体（ただし、必ずしもそうとは限らない）――である。彼はヴィークルを「名づけるにふさわしく思えるくらいに十分に区別される何らかの単位で、一団の自己複製子を収容し、そうした自己複製子の保存と増殖のために一つの単位としてはたらくもの」と定義する（Dawkins 1982, p.114）。

この定義を用いて、デネットは思想をミームとして、それを運びまわる物理的な物体をミーム・ヴィークルとして扱う。そこで、たとえば、「スポーク付き車輪をもつ荷馬車は穀物やその他の積み荷をある場所から別の場所へ運ぶだけでなく、スポーク付き車輪をもつ荷馬車というすばらしいアイデアを人間の心から心へと運ぶのである」（Dennett 1995, p.348; 1991, p.204）。絵画、書物、道具、そして建物はどれもすべて、デネットにとってはミーム・ヴィークルなのであり、彼はそれをはっきりと遺伝子ヴィークルと比較する。ブロディ（Brodie 1996）は、デネットに従って、ほかの人々と同じように、「ヴィークル」という用語をミームの物質的なあらわれとして使う。しかしながら、このアナロジーには問題がある（Speel 1995）。荷馬車は実際にスポーク付き車輪というアイデアを運んでまわるかもしれないが、それは一団の自己複製子を収容しているだろうか？ それはそのミームの保存と増殖のために一つの単位としてはたらいているだろうか？ 一冊の本はこの意味におけるヴィークルに非常によく似て見えるかもしれないが、私のかぼちゃスープはそうは見えない。私には、この場合どこで線を引けばいいのか、まったくわからない。

いつでも必ずヴィークルが存在するにちがいないと仮定し、したがってミームを無理に合致させようとする誘惑は避けなければならない。ドーキンスは「ヴィークル」という造語をしたのは、それをたたえるためではなく、葬るためだったと言っている。ヴィークルにとって形をとる必要はなく、多くの種類の進化において、たぶんそうではなかったかもしれない。私たちは、「この状況におけるヴィークルは何か」と問うべきではなく、むしろ「この状況にはヴィークルが存在するか、もし存在するならば、なぜか」と問うべきなのである（Dawkins 1994, p.617）。したがって、私たちはミームが実際に寄り集まって「そうした自己複製子の保存と増殖のために一つの単位」を形成しているかどうかを問うてもいいのかもしれず、もしそうなら、そうした真のミーム・ヴィークルはどのような見かけをしているのだろうか？　宗教、科学理論、あるいは政治的イデオロギーのような大きな自己保存的ミーム複合体は、荷馬車やレシピよりもこのアナロジーによく合うかも知れないが、ここでは「ヴィークル」という用語はまったく違う意味で使われている。最後に、「ヴィークル」という用語は、人々が遺伝子とミームをともに運んでまわるというごくふつうの意味で使うことができ、したがって彼らの「乗り物《ヴィークル》」として働くのである。

　こうした区別について私は長らくしかも懸命に考えてきた。どれが有効でどれがそうでないかを知り、そしていずれかの説を採用しようと試みてきた。私独自の新しい分け方をつくろうと試み、それに絶望してきた。おしまいに、私はミーム学のもっとも基本的な原理と私が呼んできたものに戻った――すなわち、遺伝子もミームもともに自己複製子であるが、その他の点で両者は異なっている。遺伝子とミームのアナロジーは多くの人を道に迷わせてきたし、これからもたぶん、しばらくのあいだはまどわしつづけるであろう。そこに一つのアナロジーはあるが、それは両者が自己複製子であるがゆえにすぎない。そのアナロジーより先は脆弱である。表現型やヴィークルに正確に対応するものがミーム学には必ずしも必要ではないし、ましてや、相同遺伝子、遺伝子座、有糸分裂、減数分裂といった厳密な遺伝学的概念に対応するものが存在する必要はない。生物学的な進化においては、遺伝子はその表現型をつくりあげるが、みずからは生殖細胞系列を通じてそのまま一直線に子孫へとコピーされる。しかし、ミーム的進化においては、ミームが脳から紙へ、そこからコンピューターへ、そしてまた脳に戻るということによって、進化はもっとジグザグ状でありうるのである。

こうしたすべてのことから、私がたどりついた結論は、物事をできるだけ単純にしておくということである。私は、「ミーム」という用語を、多様な形──思想、そのような思想を具体化する脳の構造、そういった脳の構造が生み出す行動、および書物、レシピ、地図、楽譜などに含まれたその別ヴァージョン──のどんなものであれ、ミーム的な情報には無差別に用いることにする。その情報が広い意味で「模倣」と呼べるような過程でコピーできるかぎり、それは「ミーム」とみなされる。私は「ヴィークル」という用語を、何かを運ぶものという通常の意味のみで使い、「ソシオタイプ」とか「ミーム表現型」のような用語はまったく使わないつもりである。もしのちに、さらなる用語や区別が必要なことが判明すれば、誰かがそれを提供してくれるものと私は確信している。私が今したように役に立たないものを粉砕するよりも、あとになってから、誰かほかの人が必要な区別を付け加えていく方が容易だろう。

これが、ミーム学のかかえる問題のいくつか（すべてでないことは確か）と取り組んできた長い闘いであるが、私はそれが私たちにとって、大いに役に立つことになるだろうと考えている。私たちが到達した単純な図式を用いることによって、そこに潜む危険を念頭におきながら、ミーム的な科学がまさに何をなしうるかの探求──なぜ、私たち人類はこのような巨大な脳をもっているのかを説明するといった──を進めることができる。

6　巨大な脳

人間の脳はとてつもなく大きい。なぜだろう？　確かなことは誰にもわからない。巨大な人間の脳の起源について数多くの理論があるのは確かだが、普遍的に受け入れられているものは一つもないし、謎は残っている。大部分の論者は、巨大な脳は自然淘汰によって進化したに違いないと考えている。たとえば、アメリカの神経科学者で人類学者でもあるテレンス・ディーコンは「脳の構造の進化に見られるそのような強固で持続的な傾向が自然淘汰の力を反映していることは疑いようがない」と言っている（Deacon 1997, p.344）――しかし、もしそうなら、私たちはそこに関与する淘汰圧を特定することができなければならない。そこで、その淘汰圧は何なのか？　答えは明瞭ではなく、なすべき説明の作業は多大である。それは基本的には以下のようになる。

人間の脳の起源

現在の人間の脳は、地球上の他のいかなる種をも超えた途方もない離れ業をおこなうことができる。

私たちは言語をもつだけでなく、冷凍冷蔵庫、内燃機関、ロケット技術を発明した。私たち（といっても、私たちの一部だが）はチェス、テニス、メガデス6［コンピューター・ゲーム］をプレイすることができる。音楽を聴き、ダンスを踊り、歌を歌う。私たちは民主主義、社会保障制度、株式市場をつくりだした。こういった事柄はいかなる進化的な有利さをもっていると考えられるだろうか？　あるいはもっと厳密にいえば、そのようなことをなしうる脳にどのような自然淘汰上の有利さが存在しうるのか？　私たちは「要求より過剰な、適応上の必要より過剰な」脳をもっているように思える（Cronin 1991, p.135）。

ダーウィンの時代には、この疑問がアルフレッド・ラッセル・ウォレスを悩ませたため、彼はダーウィンと別個に自然淘汰の原理を発見したのにもかかわらず、自然淘汰は人間の高次の能力には適用できないと結論した（Wallace 1891）。原始的な狩猟採集民がそのような脳を必要としたことはおそらくありえなかったから、そこには何らかの超自然的な介在があったに違いないと、彼は推論した。ウォレスは死者の霊と交信ができると主張する心霊主義者を支持したが、ダーウィンは彼らと戦った。ウォレスは、人間の知的、霊的性質は動物のそれをはるかに超えたものであるから人間は動物と種類が違うのだと信じた。私たちの肉体は祖先の動物から継続的な変形によって発展してきたのではあるが、私たちの意識、倫理性、霊的性質、「純粋な倫理性への高次の感覚」、勇気ある自己犠牲、芸術、数学、哲学などを説明するには、何か別の作用因《エージェンシー》が必要だった。

謎を解くのに神や霊にすがろうとしても何の助けにもならず、たとえ今でもウォレスの「解答」に味方する科学者がいたとしても、ごく少数である。にもかかわらず、この古くからの議論は一つの本当の問題を際だたせる。すなわち、私たちの能力は他の生物の能力の系列からまったく外れたもので、はっきりと生存のためにデザインされたとは思えないことである。

人間と動物の隔絶は、純粋に身体的な計測値において顕著である（Jerison 1973）。現代人の脳容積はおよそ一三〇〇立方センチメートルである（匹敵する大きさの現生類人猿のほぼ三倍）。脳の大きさを比較するのによく使われるのは、「（大）脳化商（encephalisation quotient）」を用いる方法で、与えられた動物の脳と体の比率を一群の動物の平均と比較するものである。類縁関係のあるどんな動物のグループでも、体の大きさに対する脳の大きさをグラフ上に記していけば、ほぼ直線が（縦軸、横軸とも指数目盛りで）得られる。もし私たち人間を現生のもっとも近縁の動物と一緒にそのような直線上に置いてみると、まるで合わないのである。他の霊長類と比較した私たちの脳化商は三である（つまり脳が三倍大きい）。私たちの脳は体に比べてあまりにも大きすぎるのである。

もちろん、脳化商はおおまかな尺度にすぎないし、そのような体の大きさと脳の大きさの比率が違った道筋でも生じうるという事実を覆い隠すものである。たとえば、チワワはグレートデーンに比べて非常に高い脳化商をもっているが、それはチワワが小さな体をもつように特別に交配されてきたからである――けっして大きな脳やすぐれた知能のためにではない。それなら、私たちは大きな脳よりもむしろ小さな体を残すように淘汰されてきたのだろうか？　「チワワの虚偽」を指摘したディーコンは（Deacon 1997）は、ほかの動物に比べて高い脳化商は彼らがより小さく、ゆっくりと成長する体をもつ結果であると説明している。霊長類の脳はほかの動物と同じ割合で成長するが、体のほうがよりゆっくりと成長するのである。けれども、人間をほかの霊長類と比べるときには、事情は違ってくる。ヒトの胎児はほかの霊長類と同じ形で成長を開始するが、そのあと私たちの脳はずっと長期にわたって成長をつづける。それゆえ、私たちの脳は余分な成長をする方向へ淘汰されてきたように思えるのである。私たちの高度の脳化は、まず第一に、霊長類のゆっくりとした体の成長によって生じ、第二に人類の余分な脳の成長によって生じたのである。

進化においては、いつこの脳の成長がはじまったのだろうか。およそ五〇〇万年前に、現生人類にいたる進化の枝が現在のアフリカ類人猿にいたる進化の枝から分かれた（Leakey 1994; Wills 1993）。このあとの、私たちのヒト科の祖先には、さまざまな種のアウストラロピテクス属、およびその後にホモ属――ホモ・ハビリス、ホモ・エレクトゥス、そしてもっとも最近のホモ・サピエンスを含めて――が含まれる。

アウストラロピテクス属には有名な骨格ルーシーが含まれる。これはモーリス・タイーブとドナルド・ジョハンソンがエチオピアで発見したアウストラロピテクス・アファレンシスのもので、この名はビートルズの『ルーシー・イン・ザ・スカイ・ウイズ・ダイアモンズ』という歌からとって名づけたものである。アウストラロピテクス・アファレンシスの化石は四〇〇万年前から二五〇万年前以降までの幅がある。ルーシー自身は三〇〇万年より少し以前に生きていたと考えられており、身長はおよそ九〇センチメートル、かなり類人猿に近い体の造りで、脳容量は約四〇〇～五〇〇㏄であった――現生のチンパンジーよりさして大きくない。化石の足跡と化石の骨に基づいた歩行のコンピューター・シュミレーションによって、現在では、アウストラロピテクス・アファレンシスは立って歩行していたに違いないことが判明しているが、ただし走ることはおそらくできなかった。そこで、私たちには、ヒト科動物の脳が著しい増大をはじめるずっと以前に二足歩行が登場していたことがわかるのである。

脳の大きさの増大はおそらく約二五〇万年前、（考古学的には）石器がはじまり、アウストラロピテクス属からホモ属へ移行するのとほぼ同時期である。この時期、地球の寒冷化がアフリカの生い茂った森林を疎開林《ウッドランド》に、さらには草原サバンナへと変容させつつあった。この新しい環境への適応はホモ属へ導く変化のいくつかの原因になったと考えられている。ホモ属の最初の種はホモ・ハビリスで、原始的な石器をつくっていたところから「器用なヒト」という意味でこう名づけられた。アウストラロピテクスも見つけた棒や石を、現在のほかの類人猿がするように道具として使ったかもしれないが、石を削って特別な形にするのに刀、斧ないし掻器《スクレーパー》を用いたのは、ホモ・ハビリスが最初であった。彼らの脳は約六〇〇〜七〇〇 ccあり、アウストラロピテクス属の脳に比べて著しく大きかった。

およそ一八〇万年前に、ケニアの化石記録のなかにホモ・エレクトゥスがあらわれはじめる。ホモ・エレクトゥスは背が高く、およそ六〇〇〜七五〇 ccのさらに大きな脳をもっていた。彼らは初めてアフリカの外へ出たヒト科であり、はじめて火を制御して使い、つい一〇万年前まで世界のいくつかの地域で生き残っていた。もっと最近になると、化石記録はずっと豊富になるが、完全な現生人類の起源についてはさまざまな議論がある。いわゆる「古代型ホモ・サピエンス」は広い範囲に分布し、一一〇〇 cc前後の脳と、やや突き出た顎とがっしりした眉の隆起をもっていたが、大きく二つのタイプがあった。一つは、現代のホモ・サピエンスにつながったと思われるタイプで、およそ一二万年前にアフリカに出現した。もう一つのタイプは、同じ時期に生きて、最終的におよそ三万五〇〇〇年前に死滅した――それがネアンデルタール人、すなわちホモ・サピエンス・ネアンデルターレンシスであった。彼らは大きな眉の隆起と突きだした顎をもっていた。彼らの脳はたぶん私たちのものよりさえ大きく、火を使い、文化をもっていたという証拠が増えつつあり、また言語をもっていた可能性が高まっている。ヒト科のどの系列が現生人類を生み出し、ネアンデルタール人に何が起こったかについては、さらに多くの議論がある。しかしながら、ミトコンドリアDNAの塩基配列は、彼らが私たちの祖先ではなかったことを示唆している（Krings *et al.* 1997）。そうだとすれば、私たちはあれほど多くの他の種を消滅させてきたのと同じように、彼らを消滅させたのだろうか？　それとも、彼らは何か別の理由で絶滅したのだろうか？

かなり奇妙な事実は、過去五〇〇万年の大半を通じて、現在、数種の他の霊長類が存在するのと同じように、つねに数種のヒト科人類が存在しつづけていたということである。現在では、比較的些細な差異をもったたった一種の人類が世界中に存在するだけだ。残りのすべての人類に何が起こったのか？

これらは非常に魅力的な課題であるが、本筋の議論にもどらなければならない。もっとも関連があるのは、脳の大きさが、最後のアウストラロピテクスと完全な現生人類を分離させた二五〇万年という比較的短い期間に劇的に増加したことである。およそ一〇万年前には生きているすべてのヒト科はおそらくホモ・サピエンスに分類することができ、私たちと同じほどの大きさの脳をもっていたことだろう。

この膨大な増加はエネルギーという点からみれば非常に高価についたに違いない。まず第一に、脳は働かせるのにエネルギーを食う。脳は体重のわずか二％しか占めていないのに、体のエネルギーの二〇％を使用しているとよく言われる。この数字は休息時の体についてのものなので、いささか誤解をまねきやすい。発車の笛が鳴っているので、できるかぎり速くプラットフォームを横切ろうと、あなたの体とスーツケースを多数の筋肉が引っ張っていくときには、脳の使用エネルギーは相対的に小さい。にもかかわらず、筋肉はしばしば休息するのに、脳は眠っているときでさえ休まない。脳はどんなときにもほぼ電球一個分くらいのエネルギーを使っているのである。

脳は主としてニューロンからなっているが、ニューロンは軸索に沿ってインパルスを伝える。こうしたインパルスは脱分極［膜電位の消失］の波からなり、この波が軸索の細胞膜を横切って流入する荷電イオンとして軸索に沿って通り抜ける。脳が用いるエネルギーのほとんどは、膜の両側のあいだの化学的な差（膜電位）を維持し、ニューロンがたえずインパルスを発射できるようにすることに消費される。また、多くのニューロンがどんなときにも低頻度で発射しつづけており、入ってきた信号が静止頻度を増加または減少することによって情報を伝えられるようにしている。体のエネルギー予算は、こうしたことすべてを維持するための剰余金を見つけなければならない。小さな脳は、まちがいなく多量のエネルギーを節約できるだろう。そして、進化は何の理由もなくエネルギーを無駄使いはしない。スティーヴン・ピンカーが言っているように（Pinker 1994, p.363）、「なぜ進化が、脳の単なる大きさだけを自然淘汰によって残すことがあるだろうか、あのブヨブヨした、代謝的には貪欲な器官を？　……脳の大きさだけに関してなら、いかなる自然淘汰もまちがいなく小さな頭を選んだことだろう」。

第二に、脳はつくるのに大きな出費を要する。ニューロンは脂肪に富んだミエリン鞘（髄鞘）に囲まれていて、この鞘が軸索をまわりから絶縁し、インパルスの伝導速度を増加させている。ミエリン化は胎児の発生中から幼少期に起こり、幼児の資源を相当に枯渇させるものであるに違いない。ホモ・エレクトゥスは、アウストラロピテクスよりもより多く肉を食べること（そして、それを切り分けるための道具づくり）をはじめたが、それはもっぱら、ますます貪欲になる脳のより大きな需要を満たすよう供給するためだったのかもしれない。

脳はまた、つくるのに危険な器官でもある。大きな脳がすでに二足歩行をしていた種に出現したのは偶然の一致かも知れないが、それは、私たちが頭の大きな赤ん坊を出産するのにとりわけ不適当だということを意味している。人間の赤ん坊がほかのほとんどの種に比べて極端に未熟な状態で生まれるという事実を含めて、さまざまな適応がそれを可能にしている。赤ん坊は無力で、自活することができず、柔らかい頭蓋をもって生まれ、これはのちになってからやっと硬くなる。赤ん坊の脳は誕生時には約三八五ccで、生後二、三年のうちに大きさが三倍になる。こういう適応があってさえ、出産は現生人類にとって危険な過程である。頭が大きすぎて簡単に産み落とせないというただそれだけの理由で、何人もの赤ん坊と母親が死ぬ。こういった事実のすべては、より大きな頭を選ぶような強力で持続的な淘汰圧が働いていたことを示唆しているが、それが何だったかはわかっていない。

私はここまで、脳の大きさの増大について、あたかもそれが単なる拡大であったかのように語ってきた。ところが実際にはそれよりもっと複雑なのである。高等脊椎動物は一般にほかの動物より多くの大脳皮質をもっているが、呼吸、摂餌、睡眠-覚醒周期および情緒反応を支配している脳の古い領域は大きさがあまり違わないのである。しかしながら、もっとも興味深いのは、実際の人間の脳と私たちと同じ大きさの典型的な類人猿に予想される脳との比較である。人間は高度に視覚的な動物であるにもかかわらず、私たちの視覚野（脳のいちばん後方にある）は比較的小さい一方で、いちばん前方にある前頭前野の皮質がもっとも肥大している。この違いをもたらした理由が、私たちの眼が正常の大きさで、入ってくる複雑な視覚情報を処理するのに必要な皮質の量がどんな類人猿でも比較的一定であるからだということは考えられる。それとは対照的に、前頭前野の皮質は直接に感覚情報を受け取らないが、脳の他の部分からやってくるニューロンが入り込んでいる。

前頭葉それ自体が一種の謎である。「前頭葉は何をしているのか？」という疑問に対する明解な答えは存在しない。これはとりわけ苛立ちを募らさせる。なぜなら、もし脳のこの部分がすることが正確にわかっていればより大きな脳を選ぶ淘汰圧の理解により接近することができただろうからである——しかしわかっていない。脳のこの部分にひどい損傷を受けても、一八四八年に起こった有名なフィネアス・ゲイジの例で知られるように、人間は驚くほどうまく機能することができる。ゲイジは鉄道工事の現場監督で、爆発事故によって彼の前頭葉を鉄の棒が貫通した。彼の性格は完全に変わり、彼の人生と職務を継続する能力は破滅させられたが、依然として彼は歩くこともしゃべることもでき、少なくともある程度までは正常に見えた。同じことは前頭葉ロボトミー——前頭葉の一部を破壊するという残酷な手術で、かつては重度の精神障害に対して用いられていた——の犠牲者にも当てはまる。彼らもまた、けっして「彼ら自身」ではなかったが、この恐ろしい「処置」によって引き起こされた膨大な量におよぶ脳の損傷を考えれば、その変化は微小であった。前頭葉の機能については、無数の説があるが、普遍的に認められたものは一つとしてない。私たちの大きな脳がそのもっとも肥大した部分の機能に訴えることによってなぜ進化したのか、その理由を見いだすことができないのである。

前頭葉の大幅な増加は別にして、脳は別の形でも再編成されてきている。たとえば、言語にとって決定的な意味をもつ二つの主要な皮質領域があり、ブローカ領野は発話をつかさどり、ウェルニッケ領野は言語の理解をつかさどる。興味深いことにこの二つの領域はそれぞれ運動野と聴覚野から進化してきたように思われるのである。ブーブーいう声や叫び声から小鳥のさえずりまで、ほかの動物が出す音声のほとんどは中脳の、情緒反応と全般的な覚醒レベルを支配する領域と密接につながった領域によってつくられる。泣き叫んだり、笑ったりのようないくつかの人間の音声も中脳域でつくられるが、発話はこの皮質からの支配を受けている。大部分の人では、この主要な言語野の両方ともが左の大脳半球にあり、したがって私たちの脳の両半球は同じではない。私たちの大部分は右利きであることは、左半球が優位であることを意味している。一部の類人猿は利き腕をもつが、大部分はもたないので、ほかの霊長類では私たちのような組織的な左右の脳の非対称のようなものは存在しない。明らかに私たちの脳は単なる大きさだけでなく、多くの面で変化をとげてきているのだ。

私はごく手短に、説明すべきことを述べてきた——およそ二五〇万年ほどの期間でヒト科動物の脳は着実に大きさを増していったが、この増大は、著しい出費をもたらし、したがって強力な淘汰圧によって駆動されてきたに違いない。しかし、その圧力が何であったかはわかっていない。

強大な脳についての諸説

説はいっぱいある。初期の理論の大部分は、道具製作と技術的な進展がより大きな脳への欲求を駆動したのではないかと示唆していた。この種の理論では、淘汰圧は物理的環境およびほかの動物からやってきた。人間の脳は獲物となる動物を出し抜く必要があった。道具は明らかな優位を与え、より大きな脳はよりすぐれた道具をつくることができた。この種の理論が抱える問題の一つは、脳の大きさの増大がその努力の規模と比べてまったく桁外れに思えることである。巨大な脳はあまりにも大きな出費を強いるものであるから、もしもう少し小さな脳で獲物を捕まえることができれば有利な立場を得ることができるだろう。群れをつくる多くの動物は人間の規準からすれば小さな脳できわめて効率的に狩りをする。実際、すでに見てきたように、むしろ、話の順序は逆で、ホモ・エレクトゥスは成長する脳を養うためにより多くの肉を食べはじめたかのように見える。ほかの何かが脳の大きさを駆動していたのである。

初期のヒト科動物は、その食糧の大部分を採餌（foraging）によって得ていた。そこでたぶん、固い食物の中身を取り出したり、予想しがたい環境にぱらぱらと散在する食べ物を見つけるのに必要な空間的な処理能力と認知地図のために巨大な脳が必要だったのだ。けれども、非常に小さな脳をもつ動物が膨大な数の異なる場所に食物をたくわえ、それを見つけだすことをやってのけられるし、リスやドブネズミなどの多くの動物は、広い地域の認知地図をつくることができる。そのようなすぐれた空間的能力をもつ動物には実際に脳の構造に違いが見られるが、しかしその違いは全体的な大きさの点ではない。さらにまた、脳の大きさと採餌行動圏に関する予測も、一般にこの種の理論を支持していない（Barton and Dunbar 1997; Harvey and Krebs 1990）。

ほかの理論は社会的な環境を重視する。ケンブリッジ大学の心理学者ニコラス・ハンフリーは、初期のヒト科動物はほかの個体が何をするかを予想する手段として自分自身の心の内を観察しはじめることによって、彼らの祖先を超える重要な一歩を踏み出したのではないかと示唆した（Humphrey 1986）。たとえば、もしあなたがこの魅力的な一頭のメスと交尾しようと試みたときにあの巨大な雄ゴリラが攻撃してくるかどうかを知りたいと思うならば、自分が同じ立場にあったらどうするだろうかと想像してみるべきである。この内省こそが、ハンフリーが「ホモ・プシコロギクス」と呼ぶものの起源であり、他者も心をもつことが理解でき、究極的には自意識をもつ人類の起源である。

意識それ自体は、高く評価すべきものであり、人間に特異的で特別なものと考えられる傾向があるが、それが何らかの自然淘汰上の有利さを与えるかどうかは激しい議論が闘わされている問題である

（たとえば、Blakemore and Greenfield 1987; Chlmers 1996; Dennett 1991）。ある人々は、意識が機能をもたないかぎり進化しえたはずがないと主張し、別の人々は、意識は機能をもちうるようなたぐいのものではないと言い張る。たとえば、もし意識が注意あるいは言語あるいは知性の随伴現象であるならば、淘汰上の有利さはそうした能力についてのものであり、意識そのものについてではないだろう。もっと過激に、意識は錯覚《イリュージョン》だ、あるいは意識という観念全体が最終的には捨てられてしまうだろうと信じている人もいる。ちょうど、私たちが生命のメカニズムについて理解しはじめたときに「生命力」という観念が捨てられたように。明らかに、意識は巨大な脳を説明する助けにはならない。つまり、別の謎をもちだすことによって、一つの謎を解決することはできないのである。

影響力のある別種の社会的理論は、「マキアヴェリ的知能」仮説である（Byrne and Whiten 1988; Whiten and Byrne 1997）。社会的な相互作用と関係は単に複雑なだけでなく、絶えず変化しているものでもあり、したがって、迅速な並列処理《パラレル・プロセッシング》を必要とする（Barton and Dunbar 1997）。一六世紀イタリアの外交家で権謀術数で知られるニッコロ・マキアヴェリ（一四六九〜一五二五年）との類似性は、社会生活のほとんどは他人を出し抜き、陰謀を企み、策略を練り、同盟を結んではまた破棄するという問題だとすることにある。こういったことすべては、誰が誰で、誰が誰に何をしたかということをおぼえているだけでなく、つねに悪賢い企みを考えだし、ライバルの悪賢い企みの裏をかく——しだいに軍拡競争へとエスカレートしていく——ための大量の脳の力を必要とする。

「軍拡競争」は生物学ではありふれたもので、たとえば捕食者が足の速い獲物を捕まえるために絶えず速く走るように進化していくときや、寄生虫が宿主の免疫システムを出し抜くように進化していくときがそうである。ある種のエスカレーションあるいは自己触媒的な過程が含まれているという見解が、クリストファー・ウィルスの「ランナウェイする脳」と呼ぶもの（Wills 1993）と合致するし、この考え方は、言語の進化を脳の大きさに結びつける議論ではよく見られるものである。これらは、脳の社会的機能を一歩先に進めるものであるが、それについては次の章までとっておくことにする。

一般に、知能の進化についての社会的な理論は過去一〇年ほどにわたって非常に成功をおさめてきた。それらは、男性優位の技術的な説明から、社会生活の複雑さを評価する方向へ、秤のバランスを移行させた。この課題についての研究は発展しつつあるが、まだ多くの疑問が残っている。たとえば、社会的な技能《スキル》におけるそのような大きな改善をもたらした圧力がなぜ存在したのか？　種内での競合がほのめかされているが、なぜほかの種がやらず、ヒトという種だけがこの出費のかさむルートを取らなければならなかったのか？　また、数学計算をし、コンピューターをプログラムし、絵を描き、あるいは大聖堂を建築するという私たちに特有の能力が、どこまで実際に社会的な技能ということになるのかも疑問に思える。多くの人が、社会的理論が今のところ最良のものだと考えているが、しかし、脳の大きさに関する疑問が解決したというにはほど遠い。いかにして、なぜ、私たちは途方もない大きさの脳を獲得したのか、確かなことは誰にもわからない。

ミームが脳の巨大化を駆動したのか？

私はこれから、ミーム学に基づくまったく新しい理論を提案するつもりである。要約すればこうなる。私たちの進化的な歴史における転機《ターニング・ポイント》は、お互いが模倣しはじめたときだった。この時点以降、第二の自己複製子すなわちミームが活動しはじめたのだ。ミームは遺伝子が自然淘汰を受ける環境を変え、変化の方向はミーム淘汰の結果によって決定された。それゆえ、脳の大きさの膨大な増加を生み出した淘汰圧はミームによってはじめられ、駆動された。

私はこの新しい理論を二つの方法で探求するつもりである。最初は、私たちの起源をもう一度かなり推論的に考察することによって、ついでミーム的駆動の過程をさらに詳しく検証することによって。

転機は初期のヒト科動物がお互いに模倣しはじめたときだった。模倣の起源そのものは、はるかな昔に見失われてしまったが、模倣がもつ淘汰上の（遺伝的な）有利さについては何の謎もない。模倣は実行するのは非常にむずかしいかもしれないが、もしそれを習得できれば「うまい芸当《トリック》」であることは確実である。もし隣人が本当に役に立つことを何か学習していたら――どの食物は食べてもよくてどれは避けるべきか、あるいは傘につつまれた松ぼっくりの中身をどうしたらうまくとれるかといった――、彼の真似をすることは見返りがあるだろう（生物学的な意味で）。そうすれば、自分自身で新しい食べ物を試すという時間のかかる潜在的に危険な過程を回避できるからである。これは環境があまり急速に変化しないときにしか価値がないが、数学的なモデルをつくることができる要因である。リチャーソンとボイドは（Richerson and Boyd 1992）、自然淘汰が個体的学習よりも社会的学習（模倣を含む）により依存する方向へ導く条件を示している。経済学は、最適者（意志決定の費用を負担する）が模倣者（出費は回避するが、劣った意志決定をする）と共存できるためのモデルを考案しており、非常に多くの人間がすべて互いに模倣しあったときに、流行やファッションがどういう結果になるかが研究されている（Bikhchandani *et al.* 1992; Conlisk 1980）。実際に、流行やファッションは、チャールズ・マッケイが（Charles Mackay 1841）、南海泡沫会社や一七世紀オランダのチューリップ熱のような「異常な大衆的妄想」を「大衆の模倣好き」のせいにして以来ずっと、模倣と関連づけられてきた。

しかしなぜ、一般化された模倣がたった一度だけしか進化しなかったように見えるのか？　すでに論じた他の動物の研究から、動物界において社会的学習は比較的ふつうに見られるが、真の模倣は非常にまれなことを私たちは知っている。なぜほかの種類の動物ではなく、初期のヒト科動物にそれが生じなければならなかったのか？

私は、模倣が何を模倣するかについての決定、一つの視点から別の視点への複雑な変形、および適合した体の動きの創出という三つの技能を必要とすることを示唆した。こうした基本的な技能、あるいは少なくともその端緒を多くの霊長類は使いこなすことができ、おそらく五〇〇万年前の私たちの祖先も使いこなせたと思われる。霊長類は運動制御と手の協調運動にすぐれており、さまざまな動作を分類し、何を模倣すべきかを決定できるだけのすぐれた全般的な知能をもっている。なかには棒を使ったり、箱を積み重ねたりして食べ物をとるといった問題の解決に洞察を用いる例が示しているように、起こるべきことを想像し、それを心のなかで操作することができるものもいる。さらに、もっと注目すべきことに、マキアヴェリ的な知能と萌芽的な心の理論ももっている。進んだ社会的技能（すなわちマキアヴェリ的知能）と模倣との結びつきはこうだ。ごまかし、言い抜け、および社会的な操作をほしいままにおこなうためには、他人の立場に身をおくことができなければならない。他人の視点に立たなければならず、その他人からどのように見えるかを想像できなければならない。これこそ、誰かを模倣することができるために必要なものだ。いずれの場合も、誰かがしているところを見たものを、同じ結果に到達するために自分がしなければならないものに変形できなければならない。またその逆も同じである。最後に、私たちの祖先は互恵的利他主義を採用していた。つまり誰かを助ければあとになってそのお返しに助けてもらえるということだ。あとで見るように（第一二章）、返礼行動における一般的な戦略は、ほかの人間のすることを真似することであり、彼らが協力してくれれば協力し、してくれなければ拒否するのである。こういった先行するすべての技能があれば、模倣は進化においてそれほど大きな飛躍ではない。

ほかの人々が私たちの大きな脳を生んだ直接の原因として選び出した社会的な技能が、実は模倣の獲得に先立つステップの原因であったのではないかと、私は言いたい。私たちの祖先が真の模倣への閾値《いきち》を超えるやいなや、不本意にも第二の自己複製子が解き放たれた。そのときになってやっと、脳の大きさを増大させるミーム的な圧力がはじまったのである。

この転機はいつ訪れたのか。明白な模倣の最初の徴候は、二五〇〇万年前にホモ・ハビリスがつくった石器である。私たち現代人は生まれつき石の剥片をつくれたりはしない。もともとはどのようにしてなされていたかを調べる実験的な試みによって、石器づくりが一種の工芸であり、試行錯誤で簡単に学習できるようなものでないことが示されている。石器づくりの技能が模倣によって初期人類のあいだに拡がったことはほとんど確実である。この確実性は、さらにのちの考古学的な記録ではますます強まり、それらの記録は、道具、壺、宝石およびその他の文化的な人工遺物の様式が異なった時期に、異なった文化のあいだで拡がっていったことを示している。

模倣はそれより以前にはじまっていたかもしれない。おそらく人々は、籠、木製の揺器やナイフ、赤ん坊の負ぶい紐、あるいは、石器のような形では現在まで生き残ることはなかったその他の有益な人工物のつくり方を模倣しただろう。ここで、獲物の肉を切り皮を剝ぎあるいは木を削るのに石器を用い、その他いくつかの単純な人工物を発明し、模倣していたホモ・ハビリスのごく初期の文化を想像してみよう。

新しい技能が普及しはじめると、それを習得できるかどうかがますます重要になっていく。いかにして習得するのか？――もちろん模倣によってである。かくして、すぐれた模倣者であることがしだいしだいに重要になっていく。それだけではなく、正しい人間から正しい事柄を模倣することが重要になる。そのような決定において、私たちは単純な発見的学習、すなわち経験に基づく方法が用いられると予測するだろう。「もっとも成功した人間を模倣する」というのはその一つかもしれない。しかし、今やミームがあり、これは、もっともたくさんの食べ物やもっとも強い筋肉をもっている者の模倣を単に意味するだけでなく、もっとも印象的な道具、もっとも鮮やかな衣服、あるいはもっとも新しい技能をもった人間の模倣を意味している。これの行きついたところが「最良の模倣者を模倣する」である。その結果として、何であれ最良と考えられるものが、もっとも速く拡がるのである。

もう一つの重要な決定は誰とつれあいになるかであり、ここでもまた答えは最良の模倣者になるに違いない。なぜなら、その相手はすぐれた模倣者となる可能性がより大きい子供を授けてくれるだろうからである。こういったすぐれた模倣に向かう圧力のすべてが、ミームを普及することにすぐれたより多くの人間を生み出すことになる――そのミームが道具のつくり方であれ、儀礼であれ、衣服であれ、あるいはその他何であれ。模倣が改善されるにつれ、より多くの新しい技能が発明され、伝播し、そのことが翻《ひるがえ》ってまたそれを真似することができるようにさせるより強い圧力を生み出す。そしてこれが繰り返されていく。二百万～三百万年のうちに、ミームはあらゆる認識をすっかり変えてしまうだけでなく、遺伝子はミームを普及させることができる脳――強大な脳――をつくることを余儀なくされてしまう。

これが、かいつまんだ話である。しかしここで私は、それを解きほぐして、一度に一段階《ステップ》ずつ進みながら、そこに含まれるメカニズムをもっと詳しく見ることにしたい。

最初のステップは、「模倣への淘汰」とでも呼ぶことができよう。ダーウィンのもともとの主張をそっくり真似て、人々の模倣の能力には何らかの遺伝的変異があると仮定しよう。ある人々は石を剥ぐ新しい技術をすみやかに取り入れるが、別の人々はそうしない。どちらがうまくやっていくだろうか？　もちろんすぐれた模倣者の方だ。もし石器が食べ物をさばくのに役立つのなら、すぐれた道具制作者はより多く食べることができ、その子供もより多く食べることができるだろう。ここまでなら、同じ議論を道具をつくるための強い手をもっていることに対しても適用することができるだろう。しかし、違いは、模倣が全般的な技能であるという点にある。すぐれた模倣者は、木製の搔器や籠を作ったり、あるいは髪を編んだり、大量の葉っぱや果実を運んだり、温かい衣服をつくったりする方法、あるいは生存を助け、他人から盗むことのできるあらゆる技能を真似することにもすぐれている。すぐれた模倣者であるための遺伝子は遺伝子プールに拡がりはじめるだろう。今や遺伝子が自然淘汰を受ける環境が変わりはじめる。もし、模倣に関してあなたがまったく無能であるとすれば、あなたと、したがってあなたの子供は、ほんの二〇〇〇～三〇〇〇年前にはけっしてありえなかった形で不利益をこうむることになるだろう。新しい淘汰圧は、この一歩からはじまるのだ。

次のステップは、「模倣者を模倣することへの淘汰」とでも呼べよう。模倣することは誰に見返りをもたらすだろう。もちろん、すぐれた模倣者にだ。手の届かないところにある果実を摘んだり、それを家族のところまで運ぶ最新の方法を真似するのにとりわけ巧みな女、あるいは最高の道具づくりの真似が特別にうまい男を想像してもらいたい。もしあなたが劣った模倣者であっても、最高の模倣者を真似することはそれでもなお見返りがあるだろう。彼らはもっとも有益な技能を習得しているだろうし、あなたは今やそうした技能を必要としている。それに先立つ一〇〇〇年のあいだ、そんなことは必要なかったのに。誰も衣服を身につけていないときには、衣服は何の競争上の強みももたなかったが、今や彼らはそれを発明してしまったのであり、衣服をもつ人々に比べて寒さや怪我から身を守ることがうまくできず、生き延びる可能性も小さくなるだろう。運ぶ籠が発明されてしまった今では、籠をつくれなければ、最良の果実を少ししか得ることができないだろう。最良の模倣者を模倣する遺伝子は遺伝子プールのなかで増加していくだろう。

これがエスカレートしていく過程だということに注目してほしい。ロビン（ヨーロッパコマドリ）の雄はあらかじめ決定された方法、たとえばよりいいさえずりをすることによってしか、大きななわばりを得ることができない――そして、個々のロビンがどれほど見事にさえずることができるかについては限界がある。しかし、ホモ・エレクトゥスの雄は、より強い印象を与える衣服を身につけ、肉を調理するための――あるいはまだ火を扱うことができない他の人々を脅すための――より大きくよく燃える火を起こし、鋭く尖った道具をもつことによって、力と影響力を得るようになり、やがてそれが真似されるようになったかもしれない。この過程あるいはそれがたどる方向には、理論的な限界が存在しない。遺伝子への淘汰圧は、たまたまどのミームが繁栄するかによって影響を受けるだろう。ミームは、ミームの上に築きあげられたミームとして進化する。新しい道具が出現し、新しい衣服が作られ、新しい物事のやり方が発明される。こうしたミームが普及するにつれ、もっとも成功する人々は当面のもっとも重要なミームを習得できる人々である。最良のミームをコピーすることができるための遺伝子、そして最良のミームをもつ人々の真似をするための遺伝子が、ほかの遺伝子よりも成功することになるだろう。

しかし、どれが最良のミームなのか。「最良」は、少なくとも初めは、「遺伝子にとって最良」を意味する。生存にかかわるミームをコピーする人は、不適切なミームをコピーする人よりもうまくやっていけるだろう。しかし、それらのミームのうちのどれがそうかは必ずしもつねにはっきりしているわけではない。遺伝子は自らの利害を反映するような好みを私たちに植えつける。そして、私たちはたとえば、冷たい飲み物や甘い食べ物を好み、セックスを楽しむ。こうした事柄は、私たちの祖先の遺伝子にとって最良であったがゆえに、私たちにとって「最良」に感じられる。しかしミームは人間の遺伝子よりも速く変わることができるため、遺伝子はうまく跡を追うことができないだろう。遺伝子システムがなしうる最善のことは、おそらく「もっとも目につくミームをコピーせよ」あるいは「もっとも人気のあるミームをコピーせよ」、あるいは「食べ物、セックス、闘いの勝利に関係したミームをコピーせよ」といった発見的学習法を進化させることだろう。のちほど、そのような発見的学習法の現代社会における効果について考察することになる。太古のヒト科動物の社会では、そのような発見的学習法は当初は個人の生存を助け、その遺伝子を普及させたが、やがて徐々にミームが遺伝子を出し抜くことを許すようになったことだろう。人気があるように、セクシーに、あるいは非常に目立つように見えれば、どんなミームも、ミーム・プールのなかで拡がっていき、したがって遺伝子にかかる淘汰圧を変えることになるだろう。

三つめのステップは、「模倣者とつれあいになることへの淘汰」と呼ぶことができる。私たちの想像上の社会では、コピーしたいと思うその同じ人とつれあいになることは見返りがあるだろう。もし、あなたが最良の模倣者とつれあいになれば、あなたの子供はすぐれた模倣者となり、この新しく出現しつつある文化のなかで重要なあらゆることを習得する可能性が大きくなる。この過程を駆動するのは、この結びつきである――第一に、最良の模倣者をコピーすることは彼らがもっとも有用な技能をもつだろうがゆえに見返りがあり、第二に、彼らとつれあいになることは、子供もそのような技能を獲得できるので見返りがある。しかし、模倣すべきものを選択するための発見的学習法は、大ざっぱな指針にすぎず、ミームは純粋に生存に関係した技能を超えて増殖しはじめている。たとえば、歌うことについてのミームが出現すると、最良の模倣者はもっともうまく歌いはじめ、歌うことが重要であると受けとめられるようになり、そして、歌をコピーすることが生存価をもつようになるだろう。こうして、その時点でのミームの特異的な性質が、どの遺伝子がより成功しやすいかを決定するようになるだろう。ミームが遺伝子を力ずくで動かすようになりはじめたのだ。

この過程をさらに拡大させるかもしれない四番めの最後のステップがある――もっとも、説明のために必ずしも必要ではないのだが。私たちはこれを「模倣への性淘汰」と呼ぶ。ダーウィンによって最初に記述され、以来ずっとさかんに議論の対象となってきた性淘汰は、生物学において、論争はあるもののよく知られた過程である（Cronin 1991 の概説および Fisher 1930 を参照）。とりわけ興味深いのは、ランナウェイ的性淘汰を含むケースで、これはクジャクのみごとな尾羽のような、とても精巧にできているがそれ以外には無用の構造が、何世代ものあいだに、おそらくはよりきらびやかな尾をもつ雄が選ばれることによって進化する。いったんこの過程がはじまると、それは雄に膨大な出費を負担させることもありうるが、以下のような理由で機能するのである。りっぱな尾をもつ雄をつれあいに選ぶ雌は、りっぱな尾をもつ息子を産み、その子は彼女と同じような選択をする配偶者を引きつけるだろう。したがってこの雌はより多くの孫をもつことになるだろう。選択をするのが雌の側である理由は、親の投資が雌雄で不均衡なことである。雄は潜在的に膨大な数の子供をもつことができるが、雌は一年に数個の卵しか、あるいは人間の場合では一生に数人の子供しか産めないように制約されている。そのため、雌は自分がもつ子供の数を大幅に増やすことができない。けれども、たくさんの子供をもつようになる「セクシーな息子」を授けてくれるようなつれあいを選ぶことによって、将来の世代における子孫の数を増やすことはできる。多数の雌が同じ雄を求めるようになれば、この過程は急速にエスカレートし、出費があまりにも過大になりすぎるところまで行かないと止まらない。

巨大な脳は、確かにランナウェイ現象のように見えるし、脳の大きさについての性淘汰の役割を示唆したのは私が最初ではない。しかし、これまでの論者は、なぜ性淘汰が脳の大きさを選びだしたのかを説明してこなかった（たとえば、Deacon 1997; Miller 1993）。私の答えはミームの力から直接に引き出される。

ミームが性淘汰の過程を利用できるやり方は特異なものである。何であれ「はやっている」と思われるものは、ミームが変わると素早く変わりうる——そしてそれは、遺伝子が長い尾や派手な巣をつくる生得的な能力をつくりだすよりもはるかに速い。もしあなたが、「最良のミームをもつ男とつれあいになる」という発見的学習法に従えば、そのうち自分が最高の髪型あるいは最高の歌声をもつ（同時に、模倣の能力も）男とつれあいになっているということになるだろう。もしほかの雌たちがいい歌声を求めはじめれば、そのメロディを素早く採り入れることができる雄の子供をもっていることは有利になるだろう。あるいはもし雌たちが（いかなる理由にせよ）、儀式的な狩りの踊りを求めはじめれば、踊りを真似することができる雄の子供をもっていることは有利になるだろう。今や遺伝子にかかる淘汰圧はミームの変化の跡を追って変わる。性淘汰の過程は生物学的進化に見られる例とまったく同じだが、淘汰によって選ばれた事柄がミーム進化のスピードで拡がりうるという展開が付け加わる。ミームによって駆動される性淘汰は、模倣全般にすぐれているだけでなく、その時点でたまたま人気になったことを何であれうまく模倣できる雄とつれあいになるものを選り好みしていくだろう。このようにしてミームは、いわば、遺伝子を引きずっていくのである。引き紐の両端の関係は逆転し、比喩を用いれば、イヌが支配する側に立っているのだ。

けれども、脳の大きさのミーム学的な説明にとって性淘汰は必ずしも必要でないことにどうか注意してほしい。その役割は将来において経験的に証明できる疑問であるに違いない。最初の三つの過程だけで、脳の大きさをランナウェイ的な増大に駆り立てるに必要な圧力を十分につくりだせるだろう――もし、もう一つ小さな仮定をしさえすれば。それは、模倣がうまいためには大きな脳が必要だという仮定である。興味深いことに、模倣に対してあまりにもわずかな注目しか寄せられてこなかったために、この仮定を裏づける情報は非常にわずかしか存在しない。けれどもこの仮説は、私たちの大きな脳の主たる任務は、第一に、模倣する全般的な能力であり、第二に、ヒトという種の過去において繁栄してきたミーム類を模倣する特異的な能力であることを示唆している。

この理論は検証できるだろうか？　あまりにも多くの生物学の理論がそうであるように、特別な実験的検証法を考案するのは簡単ではない。にもかかわらず、いくつかの予測をすることができる。たとえば私は、類縁種のいかなる集団内でも、模倣能力と脳の大きさは正の相関を示すだろうと予測したい。つまり、最良の模倣者は最大の脳をもつだろうというのだ。他の動物における模倣のまれさからすれば、選び出すことができるデータはそれほどないだろうし、脳の発達（脳化）の適切な測定法を選ぶという問題もあるだろう。しかし、この研究は、さまざまな鳥類および鯨類のグループで可能なはずである。

人類を材料にして、二人の人間が同じ動作をするが、一方がまずその動作をはじめてからもう一方にそれを模倣させて比較するという実験ができるだろう。模倣によってどれほど余分の要求が創出されたかを決定するために種々の計測値を用いることができるだろう。たとえば、認知研究は、模倣が多数の処理を必要とすること、そして私たちがそれをするための特殊化したメカニズムをもっていることを示すだろう。脳のスキャン研究では、模倣が大量のエネルギーを必要とし、余分な活性がもっぱら脳の進化的に新しい部分――人類を他の種から区別する部分――で見いだされることを示すに違いない。特定のニューロンが観察した顔の表情や動作を自分自身のものに関連づけるといった模倣の基本的な作業の一部を実行していることが発見されたとしても、私は驚かないだろう。しかし、何を探せばいいのか推測できるようになるまでに、模倣がどのようになされるかについてまだまだたくさんのことを知る必要があるだろう。

もし、こうした予測が正しいと判明すれば、模倣がとてつもなく過大な要求をする作業であり、それができるためには大きな脳が必要だという示唆を裏づけるものとなるだろう。さらに私は、言語や思想の多くの側面が、世界のどの側面《アスペクト》を模倣するかを選択する私たちの脳の能力の副産物としてもっともよく理解できることが明らかになるはずだとも予言しておこう。けれども、模倣に関するさらなる研究がおこなわれるまでは、私は憶測し、「もし模倣が巧みであるためには巨大な脳を必要とするならば、前に述べたような過程がそれを説明できる」と言うことができるだけだ。それらの過程とは、模倣への淘汰、最良の模倣者を模倣することへの淘汰、最良の模倣者とつれあいになることへの淘汰、そして（可能性として）ミーム的な性淘汰である。ひとたび初期のヒト科動物が模倣をするとそこに第二の自己複製子が生まれ、こうした過程が脳の大きさの増大に向かって駆動しはじめる。とほうもなく大きな人間の脳はミームによってつくりだされたのである。

7　言語の起源

なぜ私たちはこんなにおしゃべりなのか？

これはあなたが苦闘してきた疑問ではないかもしれないが、ひとたびそれについて考えはじめると、私にはますます興味深いものであることがわかった。平均的な人で、毎日どれくらいの時間とエネルギーをしゃべることに費やしているのだろう？　測定されたことがあるかどうか疑わしいが、答えは数時間というところに違いない。典型的な人間のくつろぎ方は、食事または何杯かの飲み物をとりながら座ってたくさんの人とおしゃべりすることである――何について？　えっと、サッカーについて、あるいはセックスについて、あるいは誰と誰がデキてるか、あるいは彼が彼女にまたは彼女が彼に何を言ったか、あるいはいま抱えているもっとも新しいトラブルについて、あるいは医療保険制度に関する最新の政府提案の不当性について、など、など、など。ある種の計算によれば、すべての会話の三分の二は社会的な事柄で占められている（Dunbar 1996）。どんな人間の集団でも、ことばを交わさないで親密に座っているというのはまれである。

次に仕事がある。ある種の職業はことばを必要としないが、大部分はそうではない。商店やオフィス、バスや列車、工場やレストランのなかで、人々はしゃべる。そしてしゃべらないときには、どこかほかの場所から届く声や音楽を流す無線受信機（ラジオ）をつけている。そして、言語を用いるほかの形のコミュニケーションもある——手紙、雑誌、および新聞が玄関前に届き、電話のベルが鳴り、ファックスが始動し、電子メールのメッセージが洪水のように流れ込む。時間とエネルギーの使用は驚くべきものだ。一体何のためなのだろう？

ここには、少なくとも三つの問題がある。一つは、いったいなぜ私たちはしゃべるのか——言い換えれば、なぜ人類はそもそも言語を獲得したのか？　二つめは、いかにして私たちは言語を獲得したか——いかにして人間の脳はそのようなやり方を構造化したのか？　三つめは、言語を獲得したあと、私たちはなぜそれほど頻繁にそれを使うのか？　私は最後の疑問にまず最初に取り組むことにするが、その理由は一つにはそれが容易であること、一つにはこの答えが、いかにして、なぜ、言語が進化したのかというさらにいっそう議論を呼ぶ疑問を考える助けになるだろうからである。

なぜ私たちはこんなにおしゃべりなのか？

四六時中しゃべっているというのはエネルギーを出費するに違いない——それも大量に。思考もいくらかのエネルギーを使うが、しゃべるほうがはるかに多く使う。発話のあいだ、あるいは人の話に耳を傾け理解しようとしているとき、いくつもの脳の領域がかならず活動しているだけでなく、音声を発することそれ自体が出費を要するのである。もしあなたが非常に重い病気にかかったことがあるなら、声を出すことがどれほど体力を消耗するかわかるだろう。あなたは病院のベッドで横たわっていて、考えることが完璧にできるが、看護婦がやってきたときやっとの思いでかろうじてか細く「ありがとう」としか言えないかもしれない。ところが運がよければ二～三日もしたら、食べ物の味や退院したら何をするかについて、友好的な冗談を言いあっているだろう――微笑み、笑い声、そして完璧に余分な無駄話をすべて揃えて。

ひょっとしてあなたは、ハイファイ狂かも知れない。もしそうなら、大型のスピーカーを駆動するのにどれほど大きなエネルギーが必要か、そして大きな高品質の音で演奏することが必要なときには、その音響装置がどれほど高価につくかわかるだろう。あるいはもしあなたがローテクの方が好きなら、ゼンマイ仕掛けのラジオをもっているかも知れない。その場合には、腕の感覚から、その音を出すのにどれほどのエネルギーが必要か、ヴォリュームを落とせばどれほど巻く回数を節約できるかを、わかりすぎるほどよくわかるだろう。

この驚くべきエネルギーの使用は、ちょっとした困惑を生みだす。生き物は、自分が消費するエネルギーのために必死で働かなければならず、効率的なエネルギーの使用は生存において決定的な要因である。もしあなたが隣人よりも使うエネルギーを少なくすることができれば、困難な時期を切り抜け、乏しい食べ物を見つけ、最良のつれあいをめぐる競争に勝利し、そしてあなたの遺伝子を伝えわたす可能性が高くなるだろう。それならば、なぜ、進化は機会さえあればいつでもおしゃべりをするような生き物をつくりだしたのか？

いくつか考えられそうな答えが思い浮かぶ。第一に、結局のところまっとうな生物学的説明が存在するのではないか。たぶんおしゃべりは、社会的な絆を固めたり有益な情報を交換するといった、私たちが見落としている重要な機能を果たしているのだろう。このたぐいの理論はのちに検討することにする。

二つめに、社会生物学者なら、言語の進化にともなって、どういうわけか文化が一時的に手に負えなくなり、おしゃべりするという文化的特性がその引き紐を伸ばしつつあるのだと主張するかもしれない。けれども、もし、しゃべることが本当に貴重なエネルギーの無駄使いであるなら、もっともおしゃべりな人の遺伝子はうまくやっていくことができなくなり、やがて遺伝子はまた引き紐をたぐり寄せるだろう。

三つめに、進化心理学者なら、こういったおしゃべりのすべてはかつて私たちの祖先にとって有利さを与えていたのであり、もはや遺伝子に何の利益も与えなくなった現在においてさえ、それをもちつづけているのだと主張するかもしれない。この見方に従えば、初期の狩猟採集民の生活においてそれほど頻繁なおしゃべりが果たしていた機能を見つけだすことができるはずだ。

こうした意見のすべては、説明するにあたって遺伝的な利益に訴える点で共通している。ミーム学はまったく違ったアプローチを提供する。おしゃべりが遺伝子にいかなる有利さをあたえるのかと問うよりむしろ、それがミームにいかなる有利さを与えるのかと問うことができる。今や、答えははっきりしている。おしゃべりはミームを拡めるのだ。言い換えれば、私たちがこんなにおしゃべりをする理由は、私たちの遺伝子に利益を与えることではなく、私たちのミームを拡めることなのである。

ミームがどのようにして、私たちにおしゃべりを続けるように圧力をかけることができるのかを調べる方法はいくつかあるが、ここでは、そのうちの三つについてもっと詳しく考察することにしたい。

まず最初は、おしゃべりはミームを増殖させる効率的な方法であるから、自らについて語らせることができるミームは、（一般的に）それができないミームよりも頻繁にコピーされるだろう。すると、こうしたたぐいのミームはミーム・プールのなかで拡まっていき、私たちはみな最後にはいっぱいおしゃべりするようになるというものだ。

この議論は、なぜ私たちはこれほど考えるのかについての、私が提案した説明とよく似ている——ミームの「雑草理論」（一〇三頁）のもう一つの例だ。沈黙は、きれいに雑草を抜き取られ、あなたのお気に入りの植物が生えるのをちょうど待ち受けている花壇のようなものであるが、この状態が長く続くわけではない。黙っている人間は、使われるのを待っている電源の入ったコピー機のようなものだ。あなたの脳は、語るべき思いつき、記憶、考え、なすべき動作に満ちあふれている。社会的な世界には、創出され、まき散らされ、あなたにとりあげてもらい別の人に伝えていってもらおうと競いあう新しいミームに満ちあふれている。しかしおそらくあなたはそのすべてを語ることはできないだろう。あなたの声を自分の意のままにしようとする競争は激しい——庭に生えようする植物の競争が激しいように。沈黙を守ることは雑草取りのように厳しい作業なのである。

そして、どのようなミームがあなたの声を乗っ取ろうとするこの競争において勝利するのか？　ここでもまた、あのおなじみの問いを発することが役に立つだろう——脳に満ちあふれた世界を想像してもらいたい。そこにはなんとかすみかを見つけることができるよりもはるかに多くのミームがあるとする。どのようなミームが安全なすみかを見つけて、次に伝えわたされていく可能性が高いだろうか？

ある種のミームはとりわけ口にしやすく、あるいは宿主が他人に伝えることをほとんど強いる。たとえば、きわどいスキャンダル、恐ろしいニュース、多種多様な気晴らしのアイデア、あるいは役に立つ教えなどがこれに含まれる。これらのなかには、正当な生物学的・心理学的理由から「私を拡めよ」効果をもつものがある。おそらくそれらは、セックス、社会的結束、興奮などを求めたり、あるいは危険を避けたりする必要性のなかに入り込む。おそらく人々は、社会に順応するために、より好かれるために、ほかの人間の驚きや笑いを楽しむために、そのようなミームを伝えわたしていく。おそらくその情報はほかの人々にとって本当に有益なものになるだろう。私たちはこういった理由のすべてをまちがいなく研究できる（実際に心理学者たちはまさにそうしている）が、私がここで提案しているミーム学的議論にとっては、それが何であるかは問題ではない。要点は、隣人のバラの茂みの健康状態について聞かされた何か退屈な話は、隣人が過去に何をしていたかという噂話よりもきっと、人に伝えたいとは思わないだろうという点にある。したがって、そのような「私のことを言って」ミームはほかのミームよりはよく拡まり、多くの人間がその感染を受けることになるだろう。

一九九七年のダイアナ妃死亡のニュースは、最初の発表から数分以内に光速に近い速さで世界に拡まった。世界中のすべての人が、まだそのことを知らない誰彼にしゃべった。私もそうした。私はラジオをつけ、天気予報の代わりに続報に聞き入り、残りの家族を大声で呼んだ。そのあと、普段なら関心がないようなふりをするだろう事柄についてそんな大声で叫んだことを、ちょっとばかりばかばかしく感じた。しかしダイアナの死はまさにそのたぐいのニュースであった。それは極度に感染力の強いウイルスのように拡がり、数週間のうちにダイアナ妃の名声は聖人のごとくなり、彼女の崇拝者はカルト信者のごとくになった（Marsden 1997）。二〜三カ月のうちにには、何百万ポンドものお金が彼女を記念する基金に寄せられ、さらに何百万ポンドが彼女のイメージを売ることで儲けられた。これに匹敵する力をもつと言えるようなミームはほとんどないが、原理はきわめて一般的である。ある種のニュースはほかのニュースより効率よく拡がる。そうしたニュースは人々が聞きたがり、また別の人に伝えたいと願う事柄なのである。その結果、人々はますますおしゃべりするようになる。

これは沈黙が不可能だということを意味しない。単にまれなだけであり、際限のないおしゃべりに向かう自然なミーム的傾向に逆らってそうさせるには特別なルールが必要なのである。私たちはこうしたルールをいたるところで、図書館や学校、講堂や映画館のなかで、さらには特別な鉄道車両のなかでさえ見る――そして、人々が最善をつくそうという意図があるにもかかわらず、気がつくとルールを破っていたということになるのが見られる。真の沈黙の誓いを立てるのはむずかしく、宗教的な修養の初心者は沈黙の規則を守るのが、わずか二～三日ですらむずかしいことに気がつく、沈黙のミームを受け入れることは人間の性《さが》に反するのである。

このことは、二つめのアプローチを示唆している。すなわち、発話に関するルールや社会的な慣習を調べるのである。またしても、二つのタイプのミームを比べてみよう。人々にたくさんしゃべるよう激励する指示が存在すると仮定しよう。これは、仲間うちで黙っているときの困惑、あるいは上品な会話をしたりおしゃべりで人々をくつろがせたりすることに関するルールなど、さまざまな形を取りうるだろう。さて、ここに沈黙を守るというもう一つのミームがあるとする。たとえば、無駄なおしゃべりは不適切だという示唆、口をきかない作法というルール、あるいは沈黙の価値に対する霊的な信仰などである。どちらのミームがうまくやるだろうか？　前者のタイプであると私は思う。そのようなミームをもつ人間はより多くしゃべるだろう。したがって、彼らの言うことはより頻繁に耳にされ、ほかの人間に採り入れられるチャンスが多くなるだろう。

もしこの結論がただちに了解できるように思えないとすれば、こんなふうに考えてもらいたい。一〇〇人の人間が最初のタイプの行動を教え込まれてきたと想定する――「できるときはいつでも、上品な会話をするべきです」といったふうに。一方で、別の一〇〇人は「必要なときにだけ口を利くのが上品です」と教えられてきたとする。最初のグループは、このミームをもっているがゆえに、機会があればいつでもしゃべっているだろう。二つめのグループは沈黙を守るだろう。もしおしゃべり屋としゃべり屋が出会うと全員がしゃべるだろう。だんまり屋とだんまり屋が出会うとしゃべりはしないだろう。興味深い混合は、しゃべり屋がだんまりタイプと出会ったときだ。誰もけっして心変わりしたり、新しい方がいいからといって古いミームを捨てたりしないということもありうるだろう。しかし、実際にそういうことが起きれば不均衡は歴然としている。しゃべり屋はしゃべり、直接的にか、あるいはそれとなく、上品な会話が必要であるとか、話をするのは楽しいとか有益であるとか、ほのめかすであろう。だんまり屋は転向するかもしれないが、その逆はきわめて起こりそうにない。だんまりタイプはまれに「黙っている方がいいと私は思います」とか「どうしてお黙りにならないのですか」とか言うかもしれないが、その定義からして、多くは語らない――そして、この理由だけで、相手を転向させることはむずかしい。このような単純明快な単一のミームはたぶんまれではあろうが、ブリティッシュ・テレコムの「おしゃべりはいいことだ」という標語と「沈黙は金なり」という諺《ことわざ》のような、有名な実例が存在する。ミーム学は、しゃべること一般がなぜ拡まらなければならなかったかだけでなく、なぜ、ある種の淘汰環境がまれな沈黙のルールが成功するよう促進できるのかを理解するのにも役立つはずである。

しゃべるようにしむけたミーム的圧力を調べる最後の方法は、一群のミームすなわちミーム複合体と、それを育て拡めるであろう人々の種類を考察することである。おしゃべりな人々という環境で繁栄している（そして、その人々がおしゃべりであることに寄与している）ミーム群は、だんまりタイプの環境で繁栄しているミーム群とは違っているだろう。おしゃべりな人々は、その定義からして、より多くしゃべり、それによって、そのミーム群により多くの拡がるチャンスを与えるだろう。べつのおしゃべりな人間がそうした考えを耳にしたとき、その人はたやすくそれを取り入れ、また別の人に伝えわたすだろう。寡黙な人はあまりしゃべらないから、寡黙なタイプであることに適合したあらゆるミームは拡がるチャンスがわずかしかないだろう。もちろん、おしゃべりな人々が極度に腹立たしい人間で、寡黙な人が非常に魅力的ということもありうるが、それでも基本的な不均衡は変わらない。その不可避的な結果は、しゃべるようにするミーム群、あるいはしゃべるようにするミーム群と仲良く共存しているミーム群は、ミーム・プールのなかで、沈黙を守るようにするミーム群を追いやって拡まっていくだろう。

こういったものが、すべてが重なって同じ効果をもたらすミーム学的論拠のいくつかである。もしこれらが正しければ、ミーム・プールが徐々にしゃべることを促進するようなミーム群に満たされていくことを意味する。私たちはみなそれに出会い、それが私たちがかくもおしゃべりな理由なのである。私たちはミームによってしゃべるよう駆動されているのである。

かくしてミーム学は、なぜわれわれはこんなにおしゃべりなのかという疑問に対して非常に単純な答えを提供する。このおしゃべりは私たちの利益のためでもなければ、私たちを幸福にするわけでもなく――もっともときにはそういうこともあるが――、私たちの遺伝子の利益のためでもない。それは話しことばを模倣できる脳をもつことからの不可避的な帰結なのである。

これは、私たちを他の二つの重要な問題――そもそもいかにして、そしてなぜ、私たちは話す能力をもつようになったのか――へと、まっすぐに連れ戻す。

言語の進化

言語の起源という疑問はあまりにも議論の多いものであるため、一八六六年という昔に、パリ言語学協会はこの問題についてのいかなる推論も禁止した。動物のコミュニケーションと人間の言語能力のあいだのまぎれもない断絶は強く説明を要求していたが、古生物学からの証拠がほとんどなかったため、当時の推論は羽目をはずすこともありえた――私たちのことばは動物や自然の音声を真似ることによって発生したとか、激しい活動や吐き気の際に発する唸り声に由来するといった推論である。「バウワウ」「ディンドン」「エイホー」「プープー」理論などと嘲って呼ばれたこういう理論は、文法や統語《シンタックス》の起源について何一つ説明しなかった。それから一世紀以上たっても、問題は決着したというにほど遠く、論争はいまだに熾烈である。けれども私たちの理論構築は、言語それ自体のより深い理解と、脳と言語がいかにして相携えて進化したかという証拠とによって制約を受ける。

まず最初、現代の人間の言語の性質について簡単に眺めてみよう。

私たちの言語能力は大部分が生得的であり、知能や全般的な学習能力の副産物ではない――ただし、これはかつて激しい議論が戦わされた問題ではある。真相は、人々は誤りを体系的に正されることによって言語を学ぶのでもなければ、注意深く聴き入り、自分の聞いたことをそっくりそのまま真似ることによって学ぶのでもないということだ。そうではなく、ただ単にそれを取り入れ、最小限の入力を用いて豊かに構造化された文法的な言語能力を構築するように思われる。文法ということばによって私が、誰が何を誰にしたか、あるいは、それはいつ、どういう順序で起きたかということを識別できる言語の自然的な構造を意味していることに注意してほしい——学校で教わる文法規則集のたぐいではなく。

ほとんどすべての人間が、教育的な学識や全般的な知能とかかわりなく、誰も同じように文法通りに言語を用いることができる。これまで発見されたあらゆる人類社会は言語をもっており、そのすべてが複雑な文法をもっている。言語によって語彙の豊かさには相当な違いはあるが、文法の複雑さという点ではそれほど違わない。狩猟採集民や遠隔地の部族集団も、現代の工業的社会の英語や日本語と同じくらい複雑な言語をもっている。世界中の子供が、三～四歳になると文法通りに話すことができるようになるし、自分が聞いた発言よりもはるかに体系的な言語を発明することができる。彼らは、聞いたことばのなかに何の証拠も存在しない微妙な文法的原理を使いこなすことさえできる。耳が聞こえない人の場合のように、話しことばが使えないと、ことばをつくる別のやり方をみつけだす。手話《サイン・ランゲージ》は、話しことばを単に簡略化したり、変形させたものではなく、耳の聞こえない人々が集まればどこにでも出現してくるまったく新しい言語なのである。それは、語の終わり、語の順序あるいは語形変化といった文法的機能を担う身振りや顔の表情をもつ独自の言語なのである。

スティーヴン・ピンカーが呼ぶところのこの「言語本能」は（Pinker 1994）は、地球上の他のあらゆる種から私たちを完璧に選別するものである。私たちの知る限り、他のいかなる種も文法的に構造化された言語をもたない——それを学習することもできない。心理学者たちが最初にチンパンジーに言語を教えようとしたが、単純に彼らは必要な音を出す発音器官をもっていないという理由で失敗した。けれども、チンパンジーにその天性の手先の器用さを利用した方法で訓練したところ、もっとうまくいった。サラという名のチンパンジーは、よく知っている物や動作を表すさまざまな形のプラスチック板をボード上で使うように訓練されたのに対して、ラナとカンジは特別なキーボード上のボタンを押すことを訓練された。けれども、もっとも有名なのは、身振り《サイン》を使うもので、これはチンパンジーが器用な手をもち、野生でも多様な身振りをおこなうという事実に基づいて考案された。この方法で教えられた数多くの動物のなかに、ワシューと呼ばれるチンパンジーとココと呼ばれるゴリラがいた。両方とも手話（アメリカン・サイン・ランゲージ）を使う人間と一緒に育てられた。

最初のうち、ワシューやココなどが本当に手話を使うことができるように思われた。彼らは二～三歳の子供と同じように、三語の「文章」をもつとされた。異なるサインを組み合わせることで新しい単語をつくることさえできた。しかし、興奮と無謀な主張はやがて、心理学者、言語学者、そして本来の手話を用いる聾唖者からの慎重な批判によって正体を暴露されてしまう。彼らは、チンパンジーの身振りが豊かで表現力に富む人間の手話とはまったく似て非なるものだと言ったのである。おそらく、大げさな主張の大部分は願望的な思いのせいだったろう。チンパンジーもゴリラも単一の身振り《サイン》あるいはシンボルを学習し、それらを少しなら適切な順序で使うことはできる――主として欲しい物を要求するため――というところが現在の多数意見であろう。だが、彼らはいかなる種類の文法ももっていないし、幼い子供が何の苦もなく順応しているように見える文章のあらゆる緻密さに気づかないままである。幼い子供はまさしく聞いた単語を吸収し、それを言語に変えているように見えるのに対して、チンパンジーはわずか二～三の些細なサインを学習するのにも、強制され、報酬を与えられなければならない。内面で何を考えていようとも（それを過小評価すべきではない）、彼らは真の言語という概念をけっして「得て」はいない。比較にならないのだ。チンパンジーはあたかも、単語を通常の学習における長くゆっくりとしたルート――試行錯誤と報酬と罰――をたどって学習しなければならないかのようであるのに対して、私たちはそれを吸収しているようにしか見えない。人間の言語能力は無比のものなのである。

それなら、いかにして私たちはその無比の能力を得たのか。それは、何か突然の進化上の巨大な幸運の飛躍があって、いっぺんに出現したのか（Bickerson 1990）？　あるいは、ゆっくりと成長する脳とともに徐々に出現したのか？　そして、言語が初めてあらわれたのはいつか？　ルーシーは初期の社会で社会的なおしゃべりにふけったのだろうか？　ホモ・ハビリスは彼らの道具や発明に名前をつけたのだろうか？　ホモ・エレクトゥスは火のまわりで物語を語ったのだろうか？

確かなことは誰にもわからない。ことばは化石を残さず、滅びてしまった言語は取り戻すことができない。けれども、わずかながら手がかりはある。一部の考古学者は、人工物や埋葬法からヒト科動物の言語についてかなりの推測ができると信じている。わずか一〇万年ほど前に更新世後期の旧石器時代革命が起こり、この時期、ヒト科動物の活動に突然（考古学的な意味で）の多様化が見られる。二〇〇万年かそれ以上にわたってヒト科動物の唯一の人工物は単純な石器だけで、石の剝片はたぶんホモ・ハビリスによって肉を切ったり、木を削ったりするのに用いられ、石斧がホモ・エレクトゥスによってつくられていた。ホモ・サピエンスが死者の意図的な埋葬、単純な絵画や身体装飾、長距離の交易、定住集落の大きさの増大、および石器から骨、粘土、角、その他の素材への道具製作の拡大などの証拠を残しはじめるのはやっと更新世後期になってからのことである。リチャード・リーキーによれば、この劇的な変化が十分に発達した言語の突然の出現と一致しているという見方は考古学者のあいだでは一般的だという。しかしながら、それは推論にしか基づいていない。私たちの思考が子供時代に学ぶ言語にそれほどまでに縛りつけられているのなら、芸術、道具製作、あるいは交易において、どのレベルの言語能力であれば何ができ何ができないかを正確に推論するのは、ほとんど不可能であろう。私たちには、それよりもすぐれた証拠が必要なのだ。

もっと確かな証拠が解剖学から得られる。ほぼ五〇%に達する脳の大きさの主要な増大は、アウストラロピテクス属からヒト属への移行期に起こった。五〇万年前のホモ・エレクトゥスは、私たちのとほとんど同じ大きさの脳をもっていた。脳の大きさと言語の関係がどういう性質のものかわかっていないので、このことから、いつ言語が現れたかを言うことはできないが、初期の脳の構造についてはいくつかのことを明らかにできる。脳が化石化しないのはいうまでもないが、その形状は化石化した頭骨の内面から推論できる。一体のホモ・ハビリスの頭骨は明らかに、ブローカ領野および私たちの脳における言語機能分化を示す非対称の証拠を示しており、このことからホモ・ハビリスはことばを話すことができたという結論にたどりつく人たちもいる。けれども、最近の現生人類の脳のスキャン研究は、ブローカ領野が技能的な手の運動のさいにも活性化されることを示しており、言語を使っていたという決定的な証拠にはなりえない。この領野の発達はホモ・ハビリスによる石器製作とより関連したものであったかもしれない。インディアナ大学のニコラス・トスは初期の石器製作の詳細な研究をおこない、彼と共同研究者は作り方を学習するのに何カ月も費やした——やがて判明したように、けっして簡単に習得できる技能ではない（Toth and Schik 1993）。その過程で、彼らは初期の石器の大部分が右利きの人によってつくられたということを発見した。脳の機能分化はホモ属の最初の出現とともにはじまったように見えるのだが、それは言語があった証拠ではない。

脳は体のなかで、ことばを発するために変形されてきた唯一の部分ではない。発語には呼吸の精緻なコントロールが必要だし、そのことは、横隔膜と胸の筋肉における変化を意味した。私たちは、すべての陸生哺乳類がしているように、自動的に呼吸ができなければならないが、ことばを発するためにはこの呼吸のメカニズムを抑制しなければならず、それには大脳皮質による筋肉のコントロールを必要とする。喉頭も、人間では近縁のほかの霊長類よりずっと低い位置にあるため、非常に多様な音声をつくりだすことが可能であり、また頭骨の基部は異なった形をしている。

こういった変化はいつ起きたのか？　喉頭も筋肉も化石にはならないが、ほかの手がかりを使うことができる。一つは頭骨の基部で、その形が出せる音の音域に影響を与える。それはアウストラロピテクスでは平らに、ホモ・エレクトゥスではやや湾曲して見え、やっと古代型ホモ・サピエンスにおいてのみ、現生人類におけるような十分な湾曲を見せるようになり、現生人類のみが私たちが今日用いている全音域の音を出せることを示唆している。もう一つの手がかりが脊髄の太さから得られる。現生人類は類人猿やその他のヒト科動物よりもはるかに大きな胸部の脊髄をもっているが、それはおそらくことばを発するには呼吸に対する大脳皮質からの正確なコントロールが必要だからであろう。古生物学者アラン・ウォーカーは、一五〇万年前のホモ・エレクトゥスの骨格を詳細に研究した――ケニアのトゥルカナ湖で発見された「トゥルカナ・ボーイ」である。この骨格は背骨のちょうどすべての部分がいい状態で保存されていたが、胸部の肥大は見られなかった。この点ではトゥルカナ・ボーイは人類よりはもっと類人猿に似ていた。ウォーカーはこの太古の遺骨を通じてこの少年をよく知るにつれて、エレクトゥスがことばを話さないこと、そしてこの少年が類人猿の体に閉じこめられた人間というよりもむしろ人間の体をもつ類人猿に近いことをますます確信するようになった。「彼は私たちの祖先であったかもしれないが、その人間の体に人間の意識はなかった。彼は私たちの仲間ではなかった」と、ウォーカーは結論した（Walker and Shipman 1996, p.235）。

これらすべての手がかりからも最終的な答えは得られない。たとえ、話しことばを生み出すことに関与している解剖学的な変化を徹底的に理解したとしても、必ずしも心理学的な変化を理解できるわけではない。心理学者マーリン・ドナルドが指摘しているように（Donald 1991）、現代の記号的《シンボリック》文化には言語以外にも、言語以上に私たちを祖先種やその他の現生霊長類から隔てているもっと多くのことが存在するのだ。言語の進化は、言語以外の認知的能力の進化との関連で理解する必要がある。

おそらく、今のところ最善の答えは、言語は一部の言語学者が示唆しているように突然に出現したのではなかったというところだろう。現代の言語を可能にした進化的な変化はヒト科の長い歴史の全体に及ぶと思われる。ほとんど間違いなく、ルーシーはことばを発することができず、ホモ・エレクトゥスも火のまわりで盛んに会話をしたことはなかったはずだ。精妙にコントロールされた話しことばや完全に現代的な言語が、少なくとも一〇万年ちょっと前の古代型ホモ・サピエンス以前に出現した可能性はないだろう。ということは、巨大な疑問が答えられないまま残っていることになる。より大きくなる脳が徐々に言語を可能にしたのか、言語のはじまりが徐々に脳の増大を強いていったのか、私たちはそのどちらであるかを言うことはできない。言えるのは、両者が一緒に進化したということだけである。

言語が何のためであったかがわかれば、助けになるだろう。

その答えは、それほど明白なものではない——しばしばそうであるかのように描かれるのではあるが。入門的な心理学の教科書は「言語行動に携われる能力はヒトという種に確固たる有利さを授ける」（Carlson 1993, p.271）といった「明白な」見解を述べ、それで終わりにしてしまう傾向がある。生物学者メイナード・スミスとサトマーリは、言語の進化の説明を「適応的なデザインについての説得力のある唯一の説明は自然淘汰であるという仮定」からはじめる。「それ以外のどんな説明がありうるというのだ」(Maynard Smith and Szathmàry 1995, p.290)。言語学者はしばしば言語が「明白な淘汰価をもっている」とか、「言語は確実に膨大な淘汰上の有利さを授けるに違いない」(Otero 1990) と考え、あるいは言語的な適応、コミュニケーションの顕著な淘汰上の有利さ、もしくはシンボルの使用にむけての淘汰圧などについて語る (Deacon 1997)。

彼らが淘汰上の有利さという観点から考えるのは確かに正しいのだろう。生物学において「なぜ」という問いを発するとき、私たちが探し求めている答えはふつう機能的な性質のものである。コウモリは暗闇のなかで虫を捕まえることができるように音波探知機構（ソナー）をもっている。クモはほとんど眼に見えない軽いワナをつくるために、精巧な網巣を紡ぎ出す。毛皮は断熱のためのものであり、眼はものを見るためのものである（ただし、答えはけっしてそこで止まることはない！）。現代のダーウィン主義的思考法に従えば、こういった事柄のすべては、それをつくる遺伝子を運ぶ個体が生存と繁殖に関してより成功をおさめるがゆえに徐々に進化してきたのである。もし人間の言語能力が脊椎動物の眼やコウモリの音波探知機構のような一つの生物学的なシステムであるならば、それがどのような機能を果たしており、なぜ、言語適性を増加させる遺伝子をもつ個人がより劣った言語適性をもつ隣人よりも生き残り繁殖する可能性が大きくなるのかを言うことができなければならない。すでに見てきたように、言語は少ない出費で生まれてくるものではない。話しことばを理解しつくりだすために分化したいくつかの脳の領域だけでなく、私たちの発声器官全体がすべて進化しなければならなかったのである。このことは、首、口、喉における他の機能の抑圧をともなう複雑な変化を意味した。水を飲みながら呼吸することは不可能で、窒息の危険を増大させる。一体なぜ、このような大きな出費をともなない潜在的に危険な変更がなされたのか？　それにどんな価値があるというのだ？

　この問いは私たちを困難な状況に追い込む。数人の著者が指摘しているように（Deacon 1997; Dunbar 1996; Pinker1994）、私たちは、いかなる淘汰上の有利さが初期のヒト科動物に言語を与えたかを理解できなければならず、さもなくばダーウィン主義的な説明を放棄するかのいずれかしかないように思われる。これは幸せな選択とはいえない――実際にそれが一つの選択だとしても。

8　ミーム――遺伝子の共進化

言語の起源の謎は、一見したところ私たちに不愉快な選択を提示したように思われる――ダーウィン主義的説明を放棄するか、さもなくば言語の機能を見つけだすか。しかしこれは、もしその機能が遺伝子にとってのものであれば、それは強制された選択にすぎない。もし第二の自己複製子があれば、もはやこれが唯一の選択肢ではなくなる。私は、いったん模倣が進化しミームが出現すると、ミームは遺伝子が淘汰を受ける環境を変え、ますます効率よくミームを拡める器官を提供するよう遺伝子に強いると主張するつもりである。言い換えれば、人間の言語能力はミームに駆動されてきたのであり、言語の機能はミームを拡めることなのだ。

言語は何のためのものか?

もし、言語の進化を理解したいと願うならば、ダーウィン主義的な説明はその明らかな出発点である。けれども、言語は遺伝的な変異を示さないとか、中間的な形態で存在することはできなかったとか、また、実際に利用できたよりももっと長い進化的時間とゲノム内でのより大きなスペースを必要としただろうといった主張がなされてきた——淘汰上の有利さが明白でないという事実をまったく別にしても（Pinker and Bloom 1990）。こういった主張のすべてに強力な反駁がなされてきた。それにもかかわらず、こうした主張はさまざまに姿を変えて、何度もあらわれつづけている。

不思議なことに、言語の起源への伝統的なダーウィン主義的アプローチに対する二人の主要な反対者は、世界でもっとも有名な進化理論家スティーヴン・ジェイ・グールドと、世界でもっともよく知られた言語学者ノーム・チョムスキーなのである。

一九五〇年代に、当時幅をきかしていた行動主義的パラダイムは、言語を人間の全般的な学習能力の単なる一側面として扱っていた。何を学習できるかについてのいかなる生得的制約も、あるいは言語構造におけるいかなる普遍的特性も否定された。チョムスキーはこの見方に真っ向から反対した。彼は、言語の論理構造が、たとえ、特別な訓練なしに子供が簡単に取り入れるとしても、それまでのいかなる人が考えてきたよりもはるかに複雑なものであること、さらに大幅に異なるさまざまな言語が実際には共通の「深層構造」をもつことを指摘した。彼は今ではよく知られている生得的な〈普遍文法〉という概念を提唱した。けれども続いて彼は、自然淘汰はこの普遍文法の起源も言語の進化も説明することはできないと主張した（Pinker and Bloom を参照）。チョムスキーによれば、私たちは確かに生得的な言語構造をもっているが、自然淘汰によってそこに到達したものではないという。それはまったくの偶然によって、知能や脳の大きさの全般的な増大といった、何かほかのことの副産物として、あるいはまだよくわかっていない他の何らかの過程によってそこに到達したに違いないという。この見方では、言語それ自体に向けての淘汰圧は存在しなかったのだ。

グールドは、進化全般における自然淘汰と適応の力に久しく異論を唱えてきている（Gould and Lewontin 1979）。彼はそれに代わって、多くの生物学的特徴がほかの何かの副産物としてか、あるいは自然の物理的過程および構造と形態に及ぼす制約の結果として進化してきたと主張する。言語の場合、彼によれば、ほかの進化的変化――脳の大きさの全体的な増加（ただし、すでに見てきたように、これもまだ説明されていない）のような――の副産物として生じたに違いなく、さもなくば、まだ特定されていない何らかの物理的な制約のゆえであるという。

私はそのようなアプローチがうまくいくと思わない。単純な物理的過程が、たとえば雪片、干渉模様、あるいは砂浜に残る波紋のような、複雑なデザインをつくりだせることに疑いの余地はない。物理的な制約が重要であることも疑いない。空気の特性が翼や尾の形状を制約し、重力が高さや大きさに限界を課している。副産物はデザインが変わると不可避的に生じ、こうした副産物の一部はやがて有用なものであることが判明し、進化によって利用される。しかし、こうした過程だけでは進化的な進歩を説明できないし（ただし、いずれにせよグールドは進歩を信じていないことを忘れないでほしい）、複雑な機能的デザインも説明できない。古いものの上に築かれて、それを発展させる新しいデザインをつくりだせる唯一の過程は、進化的アルゴリズムである（前出、五一頁を参照）。遺伝、変異、および淘汰によって、眼、耳、鰭、尾のようなとてもありえそうにないものの漸進的な出現を説明できるのである。言語も、とてもありえそうにないものの一つであり、複雑なデザインの明白な徴候《サイン》を示している。それが何かほかのものの副産物として生じたとか、ひたすら物理的な制約のゆえに生じたとか言うのは、何の説明にもなっていない。

チョムスキー、グールド、その他の、非淘汰主義者の主張は、仲間うちの評論誌『脳科学と行動科学』(一九九〇年)において、ピンカー、ブルームおよびその他多くの寄稿者によって厳しく批判されている。ピンカーとブルームは、言語が何らかの機能のための複雑なデザインである徴候《サイン》を示しており、複雑なデザインをもつ器官の起源についての唯一の説明は自然淘汰の過程であると主張する。したがって、彼らは「文法を生じるような特異化は通常のネオダーウィン主義的過程によって進化した」と結論する(Pinker and Bloom 1990, p.707)。

しかし、その機能とは何か? 「通常のネオダーウィン主義的」説明は、言語をもつことの淘汰上の有利さを仮定している。なぜ私たちは言語を獲得したのかという私の疑問は、いまや「言語をもつことの淘汰上の有利さとは何か?」となる。この疑問に対する答えがなければ、人間の言語の存在は依然として謎のままである。

ピンカーとブルームの答えは、言語は「シリアル回路[並列回路の対語で、逐次的に実行される論理回路]を通じての命題構造[文と文のあいだにある真や偽などの論理的関係]の伝達のための」デザインだというものである(Pinker and Bloom 1990, p.712)。しかし、それなら、「シリアル回路を通じての命題構造の伝達」がもつ淘汰上の有利さとは何なのか? 言語は私たちの祖先が情報を獲得することを許し、それを生物学的な進化が達成しえたよりもはるかに速く伝えわたし、他の種との競争においてその人々に決定的な有利さを与えたことだろうと、彼らは言う。しかしこの主張を完成させるためには、生物学的に関連のあるいかなる情報が伝えわたされ、なぜ、命題構造の使用が助けになるのかを知る必要がある。彼らはこの点を説明していない。

ピンカーとブルーム以前にもたくさんの解答があったが、普遍的に受け入れられているものは一つもない。初期の理論のいくつかは狩猟を中心にして展開されていた。原始人類はすぐれた狩猟民で、獲物を狩り集めたり特定の場所でワナに架けるための計画を伝え合う必要があると考えられていた。言い換えれば、よりうまく狩りをするためにはことばを話すことが必要だったのだ。より現代的な装いでのこの考え方は、古生物学者ウォーカーとシップマンから出されている（Walker and Shipman 1996, p.231）。彼らは言語の機能は、「狩りの場所、新しい種類のワナ、水場、都合のいい洞窟、……、道具作りの技術……、あるいは火をおこし維持する方法」を伝え合うことであったと示唆している。また別の理論は食糧集めに力点をおいていた――たぶん初期人類は手に入る食糧のある場所、栄養価、安全性を伝え合う必要があった。こうした理論のどれにおいてもまったく明瞭でないのは、なぜ人類だけが、狩猟あるいは食糧集めという問題にこのような複雑で神経学的に高価な出費をともなう解決策を考案しなければならなかったのかという点である。たとえば、オオカミやライオンは文法的な言語なしに、巧妙な群れによる狩りの戦略を獲得しているし、ミツバチは特殊なダンスによって食糧源のある場所とその価値を伝え合う。ベルベットモンキーは、ヒョウ、ワシ、ヘビを含む少なくとも五種類の異なった捕食者に対して異なった警戒声をもっているが（Cheney and Seyfarth 1990）、文法も命題構造も使わない。おそらく、私たちの生得的な普遍文法はこうした比較的単純なシステムには有利さを提供するだろうが、それでもなお、なぜ、その有利さが、誰が誰に何をしたか、なぜパーティーに間に合わなかったのか、そして、定常宇宙論よりもビッグバン理論の方が優れていることを伝えることができるほどに、大きなものなのかという疑問が残る。

おそらく答えは（脳の大きさをマキアヴェリ的知能に結びつける諸理論に見られるように。前出、一五八頁）、私たちの社会生活の複雑さのなかに横たわっている。私たちのヒト科の祖先はたぶん彼らの初期の霊長類の先行者と同じように社会的な動物であったと思われ、現生のサル類と同じように、彼らがさまざまな社会的関係を認識・比較し、「友達」とか「姉妹」ということばによるラベルをもつことなく適切に対応できたと想定していいだろう（Cheney and Seyfarth 1990）。社会性霊長類は、同盟、家族的関係、優劣の順位、および群れの個々のメンバーの信頼性といった事柄を理解する必要がある。また、意思の疎通ができることも必要である。もし、複雑な順位性を維持しているのなら、怖れ、攻撃性、服従、および毛づくろい《グルーミング》されることの喜びや願望、そして交尾を受け入れる意向などを示す（あるいは隠す、あるいはそのように見せかける）ことができる必要がある。しかし、情緒について語るのがむずかしいのはまぎれもない。現生の霊長類は顔の表情、叫び声、身振り、およびその他の行動によってこの複雑な作業を非常にうまくやってのけているのであり、私たちの言語が、この仕事を特別にうまくやるためにデザインされたとは思えないのである。

言語の機能はうわさ話であると、イギリスの心理学者ロビン・ダンバーは言う（Dunbar 1996）――そして、うわさ話は毛づくろいの代用だとする。彼は私がしてきたのと同じ質問を発する――ただ、むしろもっと詩的なだけで「なぜこの世では、それほどわずかなことを論じるのにそんなにも多くの人間がそれほど多くの時間を捧げるのか？」。多くの研究において、彼とその同僚は私たちの会話のほとんどがうわさ話であることを示した。私たちはお互いに、誰が誰とどんな関係があり、それはなぜかを論じ合う。住んでいる社会的な世界について賛成し、反対し、どちらかを一方を支持し、一般的におしゃべりしあう。なぜなのだろう？

毛づくろいもうわさ話もその真の機能は社会的な集団の結束を維持することにあり、集団が大きくなればなるほどそれはますます強固なものとなるとダンバーは言う。多くの他の霊長類も社会的な群れをつくって暮らしており、彼らの時間の多くがそれを維持するのにとられている。誰が誰と同盟関係にあるかというのは非常に問題になり、敵ならば追い払い、友達なら毛づくろいする。同盟者には食べ物を分けてやり、困ったときには彼らが助けてくれるものと期待している。友達には救いの手をさしのべる――あるいは、そうせず、次の機会に彼らに裏切られる危険を冒す。この種の社会的相互作用は多くのことを記憶しなければならないから巨大な脳を必要とする。誰が誰にいつ何をしたか、それぞれの同盟がその瞬間にどれほど強力であったかあるいはあてにならなかったかを記憶している必要がある。たとえ順位の低い雄でも、それが強い奴と同盟を結んでいるのであれば、食べ物をかすめ取ろうと試みはしないだろう。もし別の強い雄が優先権をもっているなら、受け入れる用意のある雌がいても交尾を試みるという危険は冒さないだろう。さらにまた、群れの大きさが増すにつれて、たかり屋や詐欺師はますます容易に発覚を免れることができるだろう。

こうした複雑な関係はどのように維持されているのだろう？　多くの霊長類にとって、その答えは毛づくろいであるが、そこには当然限界がある。群れが大きくなるにつれて、毛づくろいの要請は不可能なほど大きくなり、ついには単純に一日に使える時間では足りなくなってしまう。ヒヒやチンパンジーはおよそ四〇～四五頭の群れで暮らしており、その五分の一の時間を毛づくろいに費やしているが、人類はもっと大きな集団で生活している。私たちは二〇〇〇人くらいの人間を識別することはできるかもしれないが、ダンバーの主張によれば、より重要な集団の大きさは、社会生活においてであれ、軍隊や産業においてであれ、およそ一五〇人であるという。類人猿やサル類の数字を外挿すると、私たちはそのような大きな集団を維持するためにもっている時間の四〇％というありえない時間を互いの毛づくろいに費やさなければならないことが示唆される。

それこそ、私たちが言語を必要とする理由であると、ダンバーは言う。それは「安価で、超効率的な形の毛づくろい」として作用する（Dunbar 1996, p.79）。私たちは同時に二人以上の人に話しかけ、チーターやならず者についての情報を伝え、誰が信頼できる友人になるかについて語ったりすることができる。ダンバーは、言語がもっぱら狩りや闘いの戦略のために用いられる男性優位の機能であるという考えを退け、それに代えて、言語はすべて、私たちの人間関係を接着し、維持することにかかわっていると示唆している。

しかし、今や明らかになった疑問は、より大きな集団に向かう淘汰圧がなぜ存在したかである。ダンバーの答えは、私たちの祖先が、アフリカの森林から出て草原へと移動したときに捕食の危険の増大に直面したことだという。数をたのんで安全を守るというのは生存にとって価値ある戦略であり、また彼らはすでにそれ以上の毛づくろいはできないほど集団の規模が大きくなっていたという。しかし、ほかに多くの種が草原で、あるものは大きな群れ、またあるものは小さな群れをなして、違った生活様式を生き抜いている。だとしたら、大きな集団に向けてのこの圧力で、必要とされる劇的で、大きな出費をともなう変化のすべてを本当に説明できるのだろうか？　ダンバーの理論はこの点にかかっている。

ほかにシンボル使用の進化を重視する理論もある（たとえばDeacon 1997; Donald 1991）。ハーバード大学の神経科学者テレンス・ディーコンは、人類を「記号的《シンボリック》な種」であると宣言する。彼は、記号的レファレンス［レファレンスとはことばやサインがもつ意味とそれが指し示す現実の対象との対応関係を言う。アメリカの哲学者パースはレファレンスの形式として、それぞれイコン、インデクス、シンボルが用いられる三段階を区別した。記号的レファレンスとは、そのうちシンボルを用いる段階のもの］こそがヒト科の脳の進化を導くものとして考えうる唯一の淘汰圧を提供する——そして、記号的レファレンスということばで彼は、何かほかのものを表すために恣意的なシンボルを使うことを意味する。記号的コミュニケーションの利点としては、母子間のコミュニケーション、食糧集めの秘訣の伝達、競争相手の操作、集団的な戦闘および防衛、道具製作技術の伝授、および過去の経験の共有などがある――「あまりにも多くの説得力のある選択肢がありすぎて、選べない」と彼は言う（p.377）。しかし、こういったことは、「シンボルの閾《しきい》」がすでに超えられてからでないとできるようにはならなかっただろうと、彼は主張する。ひとたび、真の記号的コミュニケーションが可能になれば、単純な言語（現在は滅んだ）が、それを理解し、拡張し、ついには私たちの現代的な種類の言語をもたらすことができるより大きく優れた脳への淘汰圧が作り出されただろう。しかし、私たちはまず最初に、「シンボルの閾」を超えなければならなかった。

では、いかにして、そしてなぜ、それが起こったのだろう。結婚のためだと、彼は言う。ディーコンによれば、初期のヒト科動物は、記号的な手段によって生殖的な関係を調節できたときにのみ狩猟で食糧を供給する生計戦略を活用することができた。「記号的な文化はシンボルだけが解決できるような繁殖上の問題、すなわち社会的な契約を表現するという至上命令に対する一つの反応である」(Deacon 1997, p.401)。したがって、この理論によれば、記号的コミュニケーションは結婚を調整するのに必要だったがゆえにはじまり、その後、それがほかの形のコミュニケーションにとっても無数の利点をもつがゆえに徐々に改良されていったことになる。

もし私が彼の言うことを正しく理解していれば、ディーコンはときにミーム学の理論に近いところまで来ている。たとえば彼は、言語はそれ自体が原動力であり、言語の進化は一種の自力更生であると記している。彼は、個人の言語をその人に共生する生物にたとえてさえいる。しかし、彼は第二の自己複製子の可能性を考慮していない。彼にとって「遺伝子の伝達はゆずることのできない基本線である」(p.380)。かくして彼は、シンボル使用の遺伝子にとっての淘汰上の有利さの発見にしがみつくのである。

カナダの心理学者マーリン・ドナルドも、記号的表現を彼の理論の核心に置いている(Donald 1991,1993)。彼は、人間の脳、文化、および認識はすべて共進化し、模倣の技能、語彙的な発明(つまり、単語、話しことば、物語の創造)、および最後に記憶の永久化(象徴芸術と筆記技術は人間が生物学的な記憶の限界を克服することを許した)という三つの主要な移行段階を通過すると述べた。彼の最初の移行——模倣の技能の発達——は、あたかもミーム学と同じであるかのように聞こえるが、そうではない(おそらくそれは「ミーム」よりは「マイム」に近い)。ドナルドは模写《ミメーシス》を模倣から明確に区別し、模写が出来事を自分自身に向けて表現することを含んでいて、外に向かってのコミュニケーションと結びつかないことを強調している。彼は「模写は、意図的ではあるが言語的ではない意識的・自発的・表象的行為をつくりだす能力に基づいている」と説明する(1991, p.168)。

ドナルドの進化理論は、他の多くの人々とは違って、人類に特異的な認識の発達、文化の重要性、そして人間の創意工夫の才がもたらす結果を強調するが、彼も第二の自己複製子という概念をもちださない。彼にとって、言語の機能は記号的表現というより広い機能の一部であり、その有利さは究極的には遺伝子にとってのものである。

私は言語の機能についてのいくつかの流布している理論について考察してきた。すべての論者は、そこに深刻な問題があることに気づいており、なぜ言語が初期のヒト科動物に淘汰上の有利さを与えたのかを説明しようと試みてきた。私は、彼らのうちの誰かが人間の言語の起源という謎を本当に解決したとは思っていない。彼らは、複雑な文法的言語でコミュニケーションができる種がなぜたった一つしか存在しないのか、この一つの種がもっとも類縁の近い動物と比べてはるかに大きな脳をなぜもっているのか、そして、この一つの種がセックス、食べ物、闘いについてのみならず、数学や、ウィンドウズに対するマッキントッシュの優越性、進化生物学について語るところまでなぜ行ってしまうのかを説明する必要がある。込み入った事柄を伝達できることには、明らかにいくつかの有利さがある。環境が変わったとき、言葉をしゃべることができ、コピーという方法で伝えわたすことのできる種は、遺伝的な変化によってしか適応できない種よりも速やかに適応できる。このことが、進化が私たちに話しことばを与えるためにもたらした大きな出費をともなうすべての変化を説明する十分な理由になりえるだろうか？　私にはわからない。私にできるのは、既存の理論についてのこの簡単な概説《レヴュー》のあとで、この問題に関する真の意見の一致は存在しないと結論することだけである。

　この状況は次のように要約できる。人間の言語の進化についてのダーウィン主義的説明は言語が遺伝子に淘汰上の有利さを与えたと仮定していた。しかし、数多くの示唆がなされているにもかかわらず、何が淘汰上の有利さであったかについての満場一致の同意は存在しない。けれども、この議論は、ダーウィン主義的説明が遺伝的な有利さのみに基づかなければならないと仮定している。もし、ここに第二の自己複製子を加えれば、議論はすっかり変わってしまう。

言語がミームを拡める

　ミーム学は、ダーウィン主義的な考え方に一つではなく二つの自己複製子を適用することで、言語の進化に新しいアプローチを提供する。この理論では、ミーム的淘汰が、遺伝的淘汰とともに、言語の創出という作業をおこなう。要約すれば、この理論は次のようになる。人間の言語能力はもっぱら遺伝子にではなくミームに淘汰上の有利さを与えた。やがてミームは遺伝子が淘汰を受ける環境を変え、遺伝子がますますよくミームを拡める器官をつくるようにし向けた。言い換えれば、言語の機能はミームを拡めることなのだ。

これは説得力のある主張であり、したがって私はこの議論をじっくりと取り上げ、私たちの共進化の理解のための足場とするつもりである。

ミーム - 遺伝子の共進化がいかにして巨大な脳をつくりだすことができたかについてはすでに説明した。要約すれば——ひとたび模倣が進化すると、第二の自己複製子は、最初の自己複製子よりもはるかに速く拡がる存在となる。最初に真似《コピー》される技能は生物学的に有用であるため、最良の模倣者を真似ることと最良の模倣者とつれあいになることはともに個人にとって見返りがある。この結び付きは、成功するミームがどの遺伝子がもっとも成功するかを指図しはじめることを意味する。すなわち、成功するのはそうしたミームの普及を改善することにかかわる遺伝子である。遺伝子が第二の自己複製子が生み出されることの影響を予測できたということはありえず、いってみれば、取り返しはつかないのである。遺伝子は今やミームによって駆動されている。これが脳の大きさの劇的な増大の由来である。この理論は、しだいに大きくなっていく脳だけでなく、もっとも成功する種類のミームを拡めることに好都合なように特別にデザインされた脳をも予測する。これこそがまさに私たちのもっているものであり、これが言語の進化を説明すると、私は主張するつもりである。

もし成功するミームが脳の進化を駆動するのであれば、それがどういうミームであるかを問う必要がある。ある程度まで、ミームの成功は歴史における幸運な発見と偶然の問題である。私たちの長い過去において、長髪や長い巻き毛、色を塗った顔や傷をつけた脚、歌唱、太陽崇拝あるいは昆虫の絵を描くなどの事柄が好まれるミームになったということがあったかもしれない。これらのミームはやがて、そうした特別な事柄を真似することがとりわけうまくできる脳を提供するよう遺伝子に圧力をかけたであろう。もし、偶然の力がミーム的進化の主要な圧力であったとすれば、私たちの過去が理解できる望みはほとんどないだろう。けれども、私はこうした偶然の発見の力を圧倒するものこそ進化理論の基本的原理であると仮定しようと思っている。つまり、成功する自己複製子——この場合にはミーム——になるための何らかの基本的な特性が存在するのである。

ドーキンスは成功する自己複製子のための三つの規準を認めている。すなわち忠実度、多産性、長寿である。言い換えれば、すぐれた自己複製子は正確にコピーされねばならず、多くのコピーがつくられねばならず、それらのコピーは長期にわたって存続しなければならない——ただし、この三つのあいだでの妥協《トレード・オフ》はあってもいい。遺伝子との比較にはつねに慎重でなければならないが、ミームがこれらの要求にどこまで合致するかを考察するのに役立てることはできる。

遺伝子は三つすべてにおいて高得点をあげている。その複製の方法は極度に正確である。つまり、遺伝子は長い遺伝的情報がコピーされるさいにきわめてわずかな誤りしか生じないという意味で高い忠実度をもっている。誤りが生じたときにもそれを修復する精巧な化学的システムが存在する。もちろん、それでも残る誤りは存在するが、それは進化にとって不可欠な変異に貢献する。とはいえ、誤りはきわめてわずかである。また、すでに見たようにこの過程はデジタルであり、忠実度をさらに高めるのに役立っている。

遺伝子の、少なくともその一部は極度に多産で、大量のコピーをどかどかとつくりだすが、この多産性はその種がすんでいる環境の種類によって変化する。生物学者たちは、一つの連続体の両極端に位置する二種類の淘汰を区別する。ｒ淘汰とＫ淘汰である。ｒ淘汰は不安定で予測のつかない環境に適用されるが、そういう環境では、資源が許すときには急速かつ日和見主義的に繁殖できることが都合がいい。カエル、ハエ、ウサギなどにおけるように、高い多産性、小さな体、長距離に及ぶ分散が淘汰によって選ばれる。Ｋ淘汰は安定して予測可能な環境で働くが、そこでは限られた資源をめぐって激しい競争がある。そういう状況では、大きな体、長い寿命、およびよく世話をされる少数の子が淘汰によって選ばれる。Ｋ淘汰を受ける種にはゾウやヒトが含まれる。これは両極端だが、もっともＫ淘汰的な種でさえ、多数の遺伝子のコピーがつくられる。

最後に、遺伝子は長命である。ＤＮＡの個々の分子は細胞の内部でしっかり保護され、生殖細胞系列を通じて伝えわたされていくものはその生物個体の生涯を通じて生き残ることもある。どの大きさのものを遺伝子の単位として認めるかに応じて、その寿命は変わってくるが、ある意味で遺伝子は不死である。なぜなら、それは世代から世代へ、そのまた次の世代へと伝えわたされていくからである。遺伝子は極度に高品質の自己複製子なのである。

いつでもつねにそうだったのだろうか？　ＤＮＡの初期の歴史についてはあまりわかっていないのだが、おそらくそうではなかった。しかしながら、最初の自己複製子が現在のＤＮＡよりも単純な化学物質であり、細胞の核の内部の染色体に効率よくパッケージされてはおらず、その維持と複製のために奉仕する複雑な細胞機構もなかったと想定するのは理に適っている。たとえば、それは二つの同じ分子を生じる単純な自己触媒系で、そのあとにポリヌクレオチド様の分子が続き、やがてＲＮＡとなったかもしれない（Maynard Smith and Szathmary 1995）。しかし、なぜ、こうした化学物質が、今日私たちがもっているような質の高い自己複製システムを生み出すよう進化しなければならなかったのか？

原始のスープのなかでさまざまな形の初期の自己複製子のあいだに競合があったと想像してみてほしい。もし低い忠実度の自己複製子と高い忠実度の自己複製子が同時に存在していれば、高い忠実度の方が勝つだろう。デネットが指摘しているように（Dennett 1995）、成功した進化とはつまるところ「すぐれたトリック」の発見である。複製《コピー》にさいしてあまりにも多くの誤りを生じる自己複製子は、偶然にめぐりあったいかなるすぐれたトリックも、すぐに失ってしまうだろう。高い忠実度の自己複製子はそんなに速く（そして議論の余地はあるが、より遅いこともありうる）うまいトリックにめぐりあうことはないが、少なくとも見つけたものは何であれ保ちつづけるだろう――そして、競合において相手を出し抜く。同じように、高い多産性の自己複製子は、単純により多くのコピーをつくるという長所によって、ライヴァルを圧倒するだろう。最後に、長く持続する自己複製子は競争相手がポシャったときに、まだ存在しているだろう。誰がみてもそうである。この初期の環境において、ますますすぐれた自己複製子に向けての淘汰圧が存在したであろうし、これが究極的にＤＮＡ複写のための絶妙な細胞機構という結果をもたらしたのであろう。

同じ原理はミームにも当てはめることができる。模倣という生物学的に「すぐれたトリック」を発見した初期のヒト科動物を想像してほしい。最初、このすぐれたトリックは一部の個体が他者の発見を盗むことによって利益を得ることを許し、したがってこれらの個体は彼らを模倣者にする遺伝子を伝えわたしていき、ついには模倣は広く普及した。そして、新しい自己複製子が生まれ、脳のコピー機械を使ってコピーをつくりはじめた——動作のコピー、行動のコピー、身振りと顔の表情のコピー、そして音声のコピー。この初期のミームの世界は、ミーム学的な原始のスープに相当する。これらの潜在的にコピー可能な行為のうちのどれが、自己複製子としてより成功するだろうか？　答えは、高い忠実度、高い多産性をもち、そして長命なものである。

いまや私たちは、言語とミームの関連性を理解できる。言語はまちがいなくミームの多産性を改善する。一つの行為についてのどれほど多くのコピーを一時に拡めることができるだろうか？　それを観察している人間の数だけのコピーはされるだろう。しかし、一人の人間がおこなうことをそんなに多くの人間が観察することはできないし、近くにいる人間はちょうど見ていなかったということもあるだろうし、あるいは退屈して何かほかのものを見ているかもしれない。それに対して、もし音声を出せば、潜在的には多くの人間が一時に聞くことができるし、彼らは見ている必要がない——暗闇のなかでさえ聞くことができる——。この有利さは、手話と話しことばの違いをみれば明らかである。両方とも、個人的な会話には効果的だが、群衆に向かって「オーイ、話を聞いてくれ」と手話で叫ぶことはできない。群衆はまず最初に見ていなければならないのだ。さらにまた、音声はかなりの距離まで届くし、角を回ることもできる。ニュースを手のサイン、顔の表情、体の動き、あるいはその他の使える何らかのサインで示すよりも大声で叫ぶ方が、より多くのコピーをつくることができる。

これは、声を出すことが多産性を増加させ、したがってよりすぐれた自己複製子となるための闘いに勝利するすぐれた候補者であることを意味する。ではいかにすれば、音声のコピーの忠実度を増大させることができただろう。一つの明瞭な戦略は音声をデジタルにすることである。すでに見たように、デジタル方式のコピーの方がアナログ式よりもはるかに正確であり、遺伝子は確かに「デジタルになる」という戦略を採用した。言語も同じことをしたと私は言いたい。連続的な音声の代わりに分離したことば（単語）をつくることによって、コピーはより正確になる。

人々が互いに模倣しはじめるにつれ、多様なヴァージョンの初期音声言語が同時に登場したと想像していいかもしれない。発話を、簡単に真似《コピー》できる分離した音声に区切ったものは、どんなものであれ高い忠実度をもつことになり、したがって、どれだけコピーされるかという競争においてほかのものを凌駕することができるだろう。コピーにともなう困難はつねに、与えられた刺激のどの側面がコピーすべき重要なものであるかを決定することにある。言語とは、たとえば音声を分割し、発音の規準は採用するが全体的な音の高さは無視するといったことによって、こうした決定を明確なものにするシステムである。サル類の警戒の叫び声のような、ほかの形のコミュニケーションは、遺伝的な淘汰によって、徐々により厳密なものになっていくことができるが、ここで述べたような過程は一世代のうちに人から人へ拡がるのでそれよりずっと速く作用することに注意してほしい。高い忠実度をもつコピーはより効率的に拡がるから、優位を占めるようになり、そして言語は改善される。

長寿についてはどうだろうか？　個人のいかなる行動もそれ自体はたいした寿命をもたないが、脳の内部における長寿は重要である。ある種の動作は記憶しにくく、したがってコピーしにくく、とりわけ時間が経ってからはむずかしい。成功するミームは、簡単に記憶できしたがって長い時間を経たのちでさえ再現できるような行動に依拠していると予測することができるだろう。言語は非常に効果的に記憶しやすさを改善してきた。ダンスのステップを覚えるのは骨が折れるが、「スロー、スロー、クイック・クイック・スロー」を覚えるのは簡単である。意味のない一連の長い雑音を再現するのは不可能であることを思い知るが、数十語《ワード》の文章を復唱するのは簡単である。それほど大きな困難なしに物語や会話をそっくり繰り返すことができる。実際、多くの文化は、長い物語や神話の丸暗記にのみ頼って自らの歴史を伝承してきた。音声の意味を構造化することによって、言語はそういったものをはるかに記憶しやすくするのである。

今ひとつ別の種類の長寿のための技術に目を向けることができる――壺の発明が新しい壺とさらなる壺つくり行動のための長く持続するモデルを生み出す場合のような、あるいは橋の建造がそこを渡るすべての人間に橋という観念を拡める場合のような。言語の長寿は書き文字の発明によって劇的な転換をとげた――ことばを、粘土、パピルスあるいはフロッピー・ディスクに書きとどめる。しかし、長寿についてのこうしたさらなるステップについては、のちに考察するつもりである。

私は、ことばの出現をデジタル化の過程として述べてきた。言語の起源を理解するうえでの本当の問題は、ことば（単語）ではなくむしろ文法である。ことばは少なくとも原理的には、単純な連想学習によって学習することができる。けれども、文法は自己複製をも改善する。与えられた一定のことばのセットで、どれだけの事柄を言うことができるだろうか？　ことばを異なったやり方で組み合わせたときに異なった意味を指定できるような何らかの方法をもっていないかぎり、それほど多くはないだろう。接頭辞や接尾辞を付け加え、さまざまな形で語尾変化させ、ことばと語順に意味を指定させることは、どれもみな、つくりだされコピーされることのできる個別の発話の数を増大させるだろう。この意味で、文法は、忠実度だけでなく多産性をも増加させる新しい方法とみなすことができよう。コピーがより厳密になされればなされるほど、ますますそれは有効なものになっていくだろう。そうして、ますます多くの事柄を言うことができるようになるにつれ、この過程を駆動しつづけるためのますます多くのミームをつくりだすことができる。

ここで、進行していることのすべてが淘汰であり、ミームそれ自身とそれをコピーしている人々いずれの側にも、意識的な先の見通しや意図的なデザインを必要としないことを思い起こしてほしい。全員がお互いに真似し合う人々の集団があり、彼らがある種の音声を別の音声よりもよく真似をすると想像するだけでいい。たくさんの音声がコピーされようと競合しているときに成功するのは高い忠実度、高い多産性、および長寿をもつ音声であるという一般原理に比べれば、特定の音声がコピーされる理由が、おぼえやすいからか、発音しやすいからか、快い情緒を伝えるからか、あるいは有益な情報を提供するからかはさほど問題ではない。この一般原理こそが、文法的な言語を生み出した淘汰圧である。

かくして、言語の発達は、ほかのどんなものとも同じように、一見何もないところからのごとく複雑なデザインをつくりだす一つの進化的な過程なのである。人間の音声コピーから生じた初期の産物がミーム的淘汰の環境を、より複雑な音声がニッチ［生態的地位］を見いだせるように変えた。単細胞がすでにありふれたものになってから初めて多細胞生物が生じることができたのとまさに同じように、植物がすでに酸素を生産するようになってから初めて動物が出現することができたのとまさに同じように、小型の餌動物があたりにいっぱいいるようになってから初めて大型の捕食獣が進化できたのとまさに同じように、単純な発語がすでにありふれたものになってから初めて複雑で文法的に構造化された発言は出現することができた。多数のことばと明瞭に定義される構造をもつ言語はミーム的淘汰がもたらす自然な結果であったと思われる。

次のステップは、言語それ自体がいかにして人間の脳と発音システムを自らの増殖のためになるよう再編することができたのかを理解することだ。これもまた、ミーム‐遺伝子の共進化で、以下のようにして働く。私は、人々が最良のミーム――この場合は最良の言語――を優先的にコピーし、そのミームをもつ人間と優先的につれあいになるだろうと想定してきた。これらの人々はそのあと、そうしたとりわけ成功する音声をうまくコピーできるようにさせている彼らの脳にかかわることを、何であれ遺伝的に伝えわたしていくだろう。このようにして、脳は徐々にそうした音声をしだいにうまくつくりだせるようになっていく。文法的な言語は何らかの生物的必然性の直接的な結果ではなく、ミームが自らの忠実性、多産性、および寿命を増大させることによって遺伝的淘汰の環境を変えたやり方の結果なのである。

　この過程全体が自立したものであることに注意してほしい。ひとたび言語の進化がはじまると、言語それ自体もそれを動かす脳もともに、ミーム的淘汰と遺伝的淘汰の結合した圧力のもとで進化しつづける。これが言語を「それ自体の原動力」として、あるいは自立的な過程として扱う唯一の理論というわけではないが、ほかの理論は、そもそもそれがなぜはじまったのか、あるいはなぜ現在のような形になっているかを説明するのに難渋してきた。たとえばディーコンは、まず最初に「シンボルの閾」を越えるための理由を見つけなければならなかった。言語の起源に関するミーム学的理論にはそのような問題は存在しない。決定的なステップは模倣の開始であった。それは、仮に見つけるのがむずかしいにせよ、明らかに「すぐれたトリック」であり、すでに良い記憶力、問題解決の技能《スキル》、互恵的利他主義、マキアヴェリ的知能、および複雑な社会生活をもっている種においては、とりわけ生じる可能性の大きいものである。ひとたび発見されると、それは、新しい自己複製子の進化と新旧の自己複製子の共進化を始動させる。

　私は、ここで多くの推測と想像をおこなってきた。私は、もう一つの「バウワウ」や「エイホー」

理論に相当するものをつくっているだけなのだろうか？　私は、パリ言語学協会によってなされた言語の起源を論じることの禁止令を思い起こすべきなのだろうか？

私はそうでないことを願っている。ここでの相違は、私が重い岩を引っ張る人々が「エイホー」というかけ声を上げたがゆえにことばが生じ、しゃべりはじめたと言ってはいないことである——もっとも、このふう変わりな単語はこのようにして生じたかもしれないと思ってはいるが。私は、音声言語がミーム的淘汰のほとんど不可避的な帰結であると言っているのである。まず第一に、音声は行動を高い忠実度で伝達できるすぐれた可能性をもつ。第二に、ことばはこの過程をデジタル化する明白な方法である。第三に、文法は忠実度と多産性をさらに増加させるための次のステップであり、これらすべては、記憶しやすさとひいては長寿をも促進することになる。ひとたび第二の自己複製子が生じると、言語が生まれるのは多かれ少なかれ、不可避的なのである。

この理論はわずかな数の基本的な仮定に基づいており、それらは検証可能である。一つは、人々はもっともはっきり述べる人間をコピーするという仮定である。社会心理学的な実験は、人々が「うまくしゃべる人」や「早口でしゃべる人」により簡単に納得させられることを示している。しかしこの点は、模倣のテストを用いたより体系的な研究が必要である。

ミーム－遺伝子の共進化は、人々が最良のミーム普及者と、この場合にはもっともはっきり話せる人間と、優先的につれあいになると仮定している。「うまくしゃべる人」を選んだ過去の淘汰がもともとあった変異の大部分を消滅させてしまい、かなりはっきり話せる現在の私たちを残したかもしれないことを思い起こすべきである。けれども、この優先性はまだ存在していて、高度に明瞭に話せることが性的に魅力的になるかもしれない。恋愛詩やラブソングの歴史は、政治家や作家やテレビスターの性的行動と同じように、多くのことを示唆してくれる(Miller 1993)。

もしこの理論が正しければ、人間の文法は、狩猟や食物採集や社会的契約の象徴的な表現といった何らかの特別な話題についての情報を伝えるためというよりもむしろ、高度の忠実度、多産性、長寿をもつミームを伝達するためにデザインされたものであることの徴候を示しているはずである。これは、ミーム学にとっては生物学における適応主義者の思考法に相当するものであり、私は、ミーム的進化がつねに最良の答えを見つけてきたに違いないと仮定していることについて、また一種の循環論法を用いていることについて批判されるかもしれない。にもかかわらず、適応論者的な思考法は生物学においてきわめて有効であり、ミーム学においてもそうであることが判明するかもしれない。

言語はたえず進化しており、新しいことばや表現が、採用されたりあるいは他の言語から取り入れられたりすることを競い合っている。またしても、勝者は、高い忠実度と多産性と長寿をもつものであると予測すべきである。ライトは酸、アルコール、あるいはさまざまな元素といった化学用語の中国語への翻訳を研究するのにミーム学を用い(Wright 1998)、採択の対象となる用語が生存をかけて激しい競合にさらされ、勝者は用語そのものの性質と、その時点ですでに存在したミームの産物との両方に依存することを示した。

言語全体も、生き残りをめぐって互いに競合する。過去に複数の言語が存在していた場所では、生き残った方がすぐれた自己複製子であり、自己複製の質がとりわけ悪い言語はきわめて簡単に破棄されただろうと予測できよう。今や、非常に多くの言語が絶滅の危機に脅かされているから、このミーム学的アプローチが、何が起こりつつあるかを理解する助けとなるかもしれない。主要な世界言語のあいだでも、産業、金融、運輸、および情報技術の分野で、優位(あるいは単なる生存)をめぐって進行している闘いがある。歴史的な偶然がある言語を他の言語よりも有利な立場においてきたが、言語の進化、競合、絶滅を、それが伝えるミームの忠実度、多産性、寿命という三つの事柄を念頭におきながら考察するのは有益かも知れない。

最後に、私たちは、いかにして人工言語が生じうるかを予測できなければならないだろう。ロボットあるいはヴァーチャル・ロボットに言語を使わせるという試みはいくつもなされてきた。こうした試みはふつう、自然言語についての人工的システムを大量に教え込むことあるいは音声と対象物とを関連づけさせるようにすることからはじめる。私が提唱した理論は、いかなる先行言語の知識も記号的レファレンスの概念も仮定しない、それらとはまったく異なるアプローチを示唆する。

ある種の比較的面白味のあるしかも変化する環境をぶらつく一群の単純なロボットを想像してみよう。それらをコピーボットと呼ぶことにする。各コピーボットは感覚システム、さまざまな音声（たぶん、それ自身の位置あるいは感覚入力のなんらかの要素に依存して）をつくりだすシステム、および聞いた音声についての記憶装置をもっている。もっとも重要なことだが、それは聞いた音声を模倣できる（不完全にではあるが）。さて、すべてのコピーボットがキーとかピーとかいう音を出しながら動きまわり、お互いのキーとかピーをコピーしはじめたと想像してほしい。

この環境はすぐに、音だらけになってしまい、コピーボットたちは自分の聞いたすべての音を真似できなくなる。彼らの知覚システムと模倣システムがどのように働くかに依存して、不可避的に、ある音声は無視し、別の音声は模倣するということになるだろう。したがって、万事は進化的アルゴリズムを走らせるための所定の位置についており――そこには遺伝性、変異、および淘汰がある――、音声（あるいは音声をつくるための記憶された指示）は自己複製子である。さて何が起こるだろう？

ゾッとするような不協和音があるだけだろうか、それとも何か興味深いことが出現するのだろうか？もし理論が正しければ、いくつかの音声はより高い忠実度、寿命、多産性（コピーボットの特徴に依存する）をもつようになり、それらはますます正確にコピーされるようになり、やがて、何らかのパターンが現れてくるはずである。いくつかの音声は、環境内の出来事とコピーボットそのものの位置に依存しながら、より頻繁に発せられるようになるだろう。私はこれを言語と呼べると考えている。もし、そうなれば、それは現在何らかの自然的または人工的システムによって用いられているいかなる言語とも同じではないだろう。

もし、これがその通りになれば、興味深い疑問が生じるだろう。コピーボットは本当にコミュニケーションをしているのだろうか？　彼らは何かについてしゃべっているのだろうか？　もしそうなら、ロボットに単に模倣の能力を与えただけで記号的レファレンスが生じてくるということになる。これはまさに私の予測するところである。最後の疑問は、はたして私たちは彼らを理解することができるのか？　である。

要約すれば、人間の言語の起源に対するミーム学的な一つの解答が存在する。ひとたび模倣が進化したら、およそ二五〇万〜三〇〇万年前に、第二の自己複製子、すなわちミームが生まれた。人々が互いに真似をしあうにつれ、もっとも高品質のミーム、すなわち、高い忠実度、多産性、寿命をもつミームがもっともうまくやった。文法的な話しことばは、この三点すべてが高く、コピーされやすい音声の成功の結果として生まれた。この言語の初期の話し手は、その社会のなかの最良の話し手たちをコピーしただけでなく、彼らとつれあいになり、ますますうまく新しいミームを拡めることができる脳をつくりだすよう遺伝子に自然淘汰の圧力を生み出した。このようにして、ミームと遺伝子は共進化し、大きな脳と言語という並はずれた特性をもつたった一つの種をつくりだしたのである。この過程をスタートさせる唯一の本質的なステップは、模倣の開始であった。残りは、進化の一般的な原理によって十分に説明がつく。

二つのむずかしい問題に対する答えが今や明らかになり、そして答えは同じだった。巨大な脳は何のため？　言語の機能は何か？——ミームを拡めるため。

9　社会生物学の限界

　私は、人間の脳の大きさと言語の起源を説明するために、二つの理論――いずれもミーム学的な理論――を提案してきた。二つとも、ミームの自己複製子としての力に基づいたものであり、ミームと遺伝子が相互作用するやり方に、いくつかの新しい原理を導入する。それは、私が「ミーム‐遺伝子の共進化」および「ミーム的駆動」と呼んできた過程である。これから、私はこのミーム学的アプローチをしかるべき文脈のなかに置いてみたいと思う。つまり、ほかの理論と比較してどうかを眺め、純粋に生物学的な有利さにのみ基づく理論がなぜ失敗するかを説明したいと思う。ミームと遺伝子が相互作用できるさまざまな道筋を探索することによって、私たちは社会生物学の限界に立ち向かうことになるだろう。

　まず第一に、「共進化」の理論は新しいものではない。第三章で私が説明したように、その種の理論はたくさんあった（Boyd and Richerdson 1985; Deacon 1997; Donald 1991; Durham 1991; Lumsden and Wilson 1981 などの理論を含めて）。ここに提示したミーム‐遺伝子の共進化理論をそれらから異ならしめているのは、パートナーの双方――ミームと遺伝子――が、それぞれ独立した、対等の地位をもつ自己複製子だという点である。確かに、二つの自己複製子は異なっている。両者は、その働き方、コピーのされ方、それが作動する時間のスケールにおいて異なる。さらに、ミームは遺伝子によってつくりだされた脳を使うことによってしか働けないのに対して、遺伝子はミームなしに完璧にうまく働ける（また実際にしている）という点で、両者のあいだには重要な非対称もある。にもかかわらず、ミームも遺伝子もともに自己複製子としての力をもっている。彼らは基本的に自分のことだけしか考えず、もし自分のコピーをつくらせることができるなら、そうするだろう——残りのことは、そこからやってくる。

ドーキンスは、彼の同僚たちがつねに生物学的な有利さに立ち戻ろうとするとこぼしていた。この理論は、生物学的な有利さに立ち戻るだけでなく、ミーム学的な有利さにも立ち戻る。二つの自己複製子が一緒に働くことによって、物事は込み入ったものになることもあるが、それほどひどいことにはならない。わずかばかりの単純化によって、主要な三つのタイプの相互作用を解きほぐすことができる。すなわち、遺伝子－遺伝子の相互作用、遺伝子－ミームの相互作用、そしてミーム－ミームの相互作用である。

遺伝子－遺伝子の相互作用

遺伝子－遺伝子の相互作用は生物学の得意分野である。北極の氷の上で白いクマが茶色のクマより多くのアザラシにうまく忍び寄ることができるときには、白い毛皮をつくる遺伝子が茶色の毛皮をつくる遺伝子を押し退けて拡がる。このようにして、同じ遺伝子座のライバルとなる遺伝子（対立遺伝子）は互いに競合する。けれど、遺伝子も協力しあう――そうでなければ、そもそも生物個体はありえないだろう。私たち自身の体の中では、何千という遺伝子が協力して筋肉や神経、肝臓や脳をつくりだし、結果として、すべての遺伝子をその内部に入れて効率よく運びまわる一つの機械《マシーン》になっている。遺伝子‐遺伝子の協力というのは、肉を消化する遺伝子が狩猟行動の遺伝子と協力しあう一方で、草を消化する遺伝子は草食や反芻の遺伝子と協力しあうことを意味している。もちろん、それは親切心からするのではなく、そうすることが自分の複製に利益を与えるがゆえにそうするのである。

しかし、遺伝子‐遺伝子の相互作用はこういう種類のものだけではない。一つの動物の遺伝子が他の動物の遺伝子に影響を与えることもできる。速く走るようにするネズミの遺伝子は、より素早く襲いかかるようにするネコの遺伝子を駆動する。擬態させるチョウの遺伝子は鳥のよりすぐれた視力を駆動する。このようにして、それぞれの動物が別の動物を出し抜こうと試みる「軍拡競争」が展開される。自然界におけるきわめて美しい動物の多くは遺伝的な軍拡競争の結果である。生物は互いに相手を利用し合う、たとえば、キヅタが自分の幹をつくることなくほかの樹木を利用して高く登るように、あるいは寄生虫が人間の体内に入って自由に栄養を得るように。しかし、このほかに、共生的な関係を保って互いに協力しあうものもある。たとえば、互いに保護と栄養を提供しあうアリとアブラムシ、あるいは私たちの腸内にすみ、それがいなくては私たちがある種の食物を消化できない多くの細菌のように。すべての生きた細胞の内部でエネルギーを提供しているちっぽけなミトコンドリアが共生細菌に由来するとさえ考えられている。こうした生物はそれぞれ独自の遺伝子をもっており、ミトコンドリアの遺伝子は、細胞核内にあるずっとよく知られている人間の遺伝子とは別に、母から子供へと伝えわたたされる。

世界を考察するもう一つの方法は、利己的な遺伝子のあいだの相互作用によって構築された生態系の全体を見ることである。遺伝子は多数の効果をもつことがあり（一つの効果のためだけの単一の遺伝子はまれである）、異なった生物体のなかにパッケージされていることもある。ドーキンスは「延長された表現型」と呼ぶ多くの実例を提供している（Dawkins 1982）。彼はこの表現で、一つの遺伝子の、単にそれが収まっている生物体に及ぼす効果だけでなく、世界に及ぼすすべての効果を意味する。ビーバーはダムを構築するが、こうしたダムは、クモの巣やカタツムリの殻や、あるいは人間の骨に劣らず、遺伝子の効果なのである。しかし、それにかかわる遺伝子は、その構造を築いた生物体の一部でさえある必要がない。たとえば、カタツムリの体内にすみ、宿主に殻の肥厚を引き起こす寄生性の吸虫がいる。ドーキンスは、カタツムリの殻の厚さは、鳥から身を守るために殻を厚くすることと資源を節約してより多くの稚貝をつくることのあいだの妥協《トレード・オフ》であると言っている。吸虫の遺伝子はたくさんの稚貝をつくることからは利益を得ないが、安全なカタツムリの内部にすむことからは利益を得るだろう――そこで、カタツムリの殻を厚くするという吸虫の遺伝子はすぐれた自己複製子である。このことは、遺伝子の利益とそれが収まっている生物体の利益はふつうは一致するが、つねにそうとは限らないという重要な問題点を例証している。

　こうした少数の実例は、いかにして遺伝子が（先の見通しや知能なしに、ただそれがうまく複製されるかされないかというだけの理由で）お互いに競合しあい、互いに搾取しあい、あるいは相互の利益のために協力しあうかを示している。私たちは遺伝子‐遺伝子の相互作用の複雑性だけでなく、遺伝子の視点から世界を見ることがなぜ有効なのかをも理解することができる。たとえ最終的には生きあるいは死ぬヴィークルだとしても、個体としての生物のみを注視していたのでは、このどれ一つとして、あまり意味をなさない。複雑なシステム全体は、利己的な自己複製子――この場合は遺伝子――のあいだの相互作用によって駆動されるものと見なした方がいい。

私は、まったく同じ原理をのちほど、ミーム‐ミームの相互作用に適用するつもりである――そしてこれも、入り組んで複雑なことが明らかにされるだろう。ミーム‐ミームの相互作用は、今日の社会の、宗教の、政治の、セックスの、巨大ビジネスの、グローバル経済の、そしてインターネットの得意分野である。しかしそれは、のちのことだ。まず最初に、遺伝子とミームのあいだの相互作用、すなわち、ミーム‐遺伝子の共進化を明らかにする必要がある。

ミーム‐遺伝子の相互作用

ミームが遺伝子と相互作用するとき、競合と協力、そして、その中間のあらゆる移行段階が見つかると予測していいかもしれない。すでに見たように、いくつかの理論は、ミームを共生者、相互扶助者、あるいは寄生者になぞらえてきた。まず最初はクロークで、彼は私たちはせいぜい良くて文化的な指示と共生しているにすぎないと言った。「もっとも悪くすれば、私たちはそれら［文化的な指示］の奴隷である」(Cloak 1975, p.172)。デリウスは、ミームが逆の方向に飛び出してしまったのではないかと述べた (Delius 1989)。彼は、ミームはもともとは遺伝子の奴隷であったが、奴隷というものはよく知られている独立への性向をもっていて、今や私たちのミームは役に立つ相互扶助者から破壊的な寄生者の中間にあるものではないかと言う (Ball 1984 も参照)。そしてドーキンスは周知のように、宗教を心のウイルスとして扱った。これらはすべて、ミームが遺伝子の友達であるか敵であるかという疑問を提起する。

もちろん答えは両方である。しかし、ミーム-遺伝子の相互作用を選別するために、私は相互作用を、ミームが遺伝子を駆動するものと遺伝子がミームを駆動するものの二つのカテゴリーに分けたいと思う。これは、多くの点で過度の単純化である。両者が対等に互いに助け合い、いかなる駆動も実際には起こっていない場合を想像することもできるが、しかし、私は、より一般的には、少なくとも何らかの不均衡が存在し、どちらか一方の自己複製子が優位に立っているだろうと言いたい。

この大雑把な区分をする理由は以下のようなものである。遺伝子が駆動している（そしてイヌは安全に引き紐につながれている）ときには、社会生物学や進化心理学のよく知られた結果のすべてが得られる。遺伝子の利益が優位を占め、人々はともかくも自分に生物学的な有利さを与える（あるいは、彼らの祖先にも与えるだろう）ような形でふるまう。男は多産であるように見える女に性的に引きつけられ、女は強くて、高い身分の男に引きつけられる。私たちは甘い食べ物を好み、ヘビを嫌う等々のことが見られる（たとえば、Pinker 1997を参照）。こうした効果は、私たちの生活において非常に強力であり、過小評価すべきではないが、それらは生物学、動物行動学《エソロジー》、社会生物学、進化心理学の得意分野である――ミーム学の領分ではない。

ミームが駆動している（そしてイヌが管理をしている）ときには、力関係がミームの利益の方へと移り、結果はかなり違ったものになる。そうした結果は、生物学的有利さだけに基づいてはけっして予測できないものであり、したがってミーム学にとっては決定的に重要なものである。それらは、ミーム理論を他のあらゆる理論から区別するものであり、したがっておそらく、科学としてのミーム学の価値と力を試す主要な実験の場となるだろう。

私はここまでミームが駆動する二つの例を示してきた。すなわち、巨大な脳と言語である。これらについては、もう少しあとで立ち戻って付け加えるつもりであるが、まず最初に、人間の行動と人間の文化を説明することができるとする社会生物学と進化生物学の主張を簡単に考察してみよう。

標準的社会科学モデルの打倒

この議論はカリフォルニア大学のジョン・トゥービーとレダ・コスミデスが実例を示してくれる。二人は文化の心理学的な基盤に対する新しいアプローチを申し立てている（Tooby and Cosmides 1992）。彼らは古いアプローチを標準的社会科学モデル（SSSM）と表現しているが、このモデルは人間の心を無限の融通性をもち、どんな種類の文化をも学習することができる白紙の石版《タブラ・ラサ》として扱い、生物学や遺伝子からはほとんど完全に無関係なものとする。まったく正当にも（私の意見では）彼らは、またほかの人々も、この標準的社会科学モデルの中心的な仮定を突き崩す。

まず第一に、人間の心は断じて白紙の石版ではない。とりわけ、人工知能の研究が、それがありえないことを証明した。なぜなら、万能の一般的な知覚機械はこの世のなかでまずうまく立ちまわることはできないからである。そもそも生きて、ものを食べ、生殖するためには、物を見て、跡を追い、捕まえ、個体識別し、性を判別する、等々ができることが不可欠である。このうちのどれ一つとして、世界を適切なやり方で分割するメカニズムなしにできることはない。世界それ自体は、潜在的には無限のやり方で分割が可能である。私たちの脳は、この潜在的な可能性を制限する方法をもっているに違いないし、実際にもっている。対象物を認識するモジュール［機能単位］、色知覚システム、文法モジュール、などをもっているのだ（Pinker 1997）。私たちが世界を経験する方法は、「本当にそうである方法」ではなく、私たちがそれを知覚することが自然淘汰にとって有益であると判明した方法なのである。

　同じように、学習もゼロから出発する万能の一般的能力などではない。模倣がかかわっているような場面でさえそうであることが立証されている。行動のほとんどあらゆる側面に学習理論が適用されていた一九四〇～五〇年代に、心理学者たちは模倣そのものも報酬を受けることによって学習されるに違いないと考えていた。彼らは「模倣本能」についてのいかなる主張も強く否定し、人間の本能行動についての古い理論を物笑いの種にした（Miller and Dollard 1941）。これは当時の状況では理解できることだった。そうした初期の理論は、髪の毛を軽く叩いて整えたり、あるいは座っているときにボールを投げられると脚を開いてスカートで受ける少女の本能といった本能まで含めていたからである。にもかかわらず、彼らは模倣についてはまちがっていた。最近の研究は、赤ん坊が早い時期から、報酬をもらえるかどうかにかかわりなく、顔の表情や身振りを模倣しはじめることを示している。赤ん坊は、訓練や鏡を見ることで学習したとするには早すぎる年齢で、自分の見た表情、自分の聞いた音声を模写《ミミック》することができる（Meltzoff 1990）。何かをうまく模倣できるということそれ自体が報酬であるように思われる。行動主義者たちにはできなかったのだが、私たちは今や、なぜ私たちの行動のこれほど多くのものが本能的でなければならないのかを理解できる。世界はあまりにも複雑すぎて、もし私たちがあらゆることをゼロから学習しなければならないとすれば、対処することができないのだ。実際、生まれつき備わった適性なしに、学習はうまく飛び立つことができないのだ。私たち人類は、ほかの種よりもけっして少なくではなく、より多くの本能をもっている。スティーヴン・ピンカーが指摘しているように、「心の複雑さは学習によって引き起こされるものではない。学習こそが心の複雑さによって引き起こされるのだ」(Pinker 1994, p.125)。

古い標準的社会科学モデルは、いくつかの非常にみごとな実例で示すことができるように、証拠によって、明らかに打倒されつつある。その一つは、色名に関するものである。古い標準的社会科学モデルの流儀で研究している人類学者たちは、色名こそ文化的相対性の完璧なる実例であると久しくみなしてきた。多数の言語が研究され、色を表現するのに用いられることばに幅広い変異があることが発見された。たとえば、一九五〇年代の初め、ヴァーン・レイは、先住アメリカインディアンの六〇の部族に色見本を示し、それらの名前を言うよう頼んだ。彼の結論によれば、色のスペクトルの「自然な」区分のごときものはなく、各文化はスペクトルを連続的なものであるとみなし、まったく恣意的な根拠に基づいて区分してきたのだという。言い換えれば、私たちがグリーンと呼ぶすべての色は、二つめの言語では二つないしはそれ以上のカテゴリーに細分され、三つめの言語では何かほかの色と統合されていて、四つめの言語ではまた別の色と重なっている、等々ということがあるかもしれないというのだ。これは奇妙な考えだ。私たちにとっては、赤色を見るという経験は黄色を見る経験とはまったく異なっている。スペクトルを見るとき、私たちは黄色が、赤と緑のあいだのごく細い帯を形成していることを知っており、この黄色が異なったものとして実際に浮き立つのである。別の文化がこの明白に見えるスペクトルをそれとはまったく違ったやり方で区分すると想像するのはむずかしい。しかし、これこそが文化相対主義仮説が意味しているものである——すなわち、私たちの色の経験は学習した言語によって決定される。さもなくば、自分が見た色のあいだに鋭い区分を経験しながら、まったく異なった区分に基づく名を使うよう学習しなければならない人々が世界中にたくさんいなければならない。

この見方は、多かれ少なかれ疑われることなく久しく受け入れられていたが、何年も経ってからついに、二人の人類学者がこの発見の敷衍《ふえん》と再確認に着手した。ブレント・バーリンとポール・ケイはもっと幅広い言語とより体系的な色見本セットを用いた（Berlin and Kay 1969）——そして彼らは失敗した。その代わりに彼らが発見したのは、どの言語もどの言語も色名を驚くほど体系的に使っており、さらに、その体系が色覚の生理学の観点から理に適ったものであるということだった。視覚系においては、明暗に関する情報は色の情報とは別にコードされている。眼の中にある三種類のレセプターから出る色の情報は、一方が赤緑色次元の、他方が黄青色次元の色をコードする拮抗的なシステムに入力される。バーリンとケイは、すべての言語が黒と白を表す用語を含んでいることを見いだした。もし、ある言語が三つしか色の用語をもっていなければ、三つめは赤である。もし四つもっていれば次は緑色か黄色で、五つならば緑色と黄色を両方もつ。もし六つであれば青色、七つであれば茶色を含む。それ以上の用語をもつ言語では、そのあと紫色《パープル》、ピンク、オレンジ、グレイなどが付け加わる。色の名前づけはけっして恣意的でも相対的でもない。それは、私たちの眼と視覚系が身のまわりの世界の適切な情報を利用するために進化してきた道筋を非常によく反映しているのである。

色の名前づけは、この種の話に好んで使われてきた。エスキモーが雪についての五〇のことばをもつという話を聞いたことはないだろうか？　それが一〇〇、あるいは二〇〇、あるいは四〇〇以上だとかさえ書かれているのを読んだことがあるかもしれない。それらのどれ一つとして事実ではない。実際、『偉大なエスキモー語彙のほら』は一種の都市神話、きわめて成功したミームの一つで、嘘であるにもかかわりなく、本になり、リプリントされ、放送され、その他、無数の方法によって拡まった。どうやら、一九一一年に有名な人類学者フランツ・ボアズがエスキモーは雪を表す四つの互いに無関係なことばを使っていると記したらしい。どういうわけかこの考えが受けて、何度も何度も膨らまされていって、ついに一〇〇になってしまったのだ。現代の推計ではエスキモーは最大で十数個の雪に関することばを使うらしいとされているが、これならば、英語と比べてもさほど多くないし、エスキモーが雪のなかで生涯をすごすのであるから少しも驚くことはない。英語でさえ、hail（小粒の雪）、sleet（半解けの雨まじりの雪）、slush（さらに水っぽい雪）、wintry showers という単語があり、雪のなかで働く人やスキー関係者は、必要に応じて corn, spring, sugar snow, powder あるいは pudding（私のパパは湿って重い雪をよくこう呼んでいた）などの特別なことばを使うのである。

ボアズの遺産と極端な文化相対主義は、霰《あられ》を表すことばの数といった瑣末な事柄にまで拡張される。相対主義者によれば、人間の行動のほとんどあらゆる側面が学習され変異するもので、異なった文化のなかでまったく違ったものになりうる――性行動でさえ。

多くの人は、人間の性的特質が遺伝的有利さという観点から説明できることを嫌うように思われ、初期の社会生物学者はそれをほのめかすだけで、ごうごうたる非難を浴びた。女は選り好みし男は相手を選ばないといった身近な性による違いは純粋に文化によって創造されたもので、別の文化では事態はまったく違ってくるという俗説が長らく受け入れられていた。ある文化は巨大な羽の頭飾りを評価するのに対して別の文化は極細縞のスーツを評価し、ある文化が垂れ下がった裸の乳房を珍重するのに対して別の文化は胸を持ち上げるブラを珍重するという意味で、表面的には、この見方は確かに事実である。しかし、もっと基本的な相違についてはどうだろうか？　すべての性的行動が文化的に決定されるという見方は、フランツ・ボアズの仕事の中心をなすものであり、一九二〇年代に彼の若い学生マーガレット・ミードは、私たちの社会とまったく違ったものであろうと二人が信じていたサモア人社会の研究に着手した。彼女の有名な『サモアの思春期』（一九二八年）は、いかなる性的な禁忌もなく、思春期の乙女は気に入った誰とでも自由にセックスできる、一見したところ牧歌的で平和な生活を描写した。文化が私たち自身の禁忌や両性間の不公正な乖離の原因であるとされた。生物学は関係がなかった。

この見方は、人々が自らの性的な性質について信じたいと願っていたことと適合するように見え、別の文化ではほとんど何でもありだということの確かな証拠として受け入れられた。それは、若い学生による一つのごく簡単な研究にしか基づいていないのに、ほぼ六〇年間にわたってもちこたえた一セットの成功したミームである。この原理はほとんど疑問を投げかけられることがなく、ほとんど誰もわざわざ検証しようとはしなかった。やっと一九八〇年代の初めになって、オーストラリア人人類学者デレク・フリーマンが、苦心惨憺の末にこのお話を打ち砕いたのである。

フリーマンはサモアで六年間を費やし、わずか四カ月しかいなかったミードとは違って、サモア人と一緒に生活し、彼らの言語を学ぶ時間があった。彼が発見したものは、サモア人の生活についてのミードの記述と食い違っているとしかいいようのないものだった。彼は、攻撃的な行動や頻繁な戦闘、不作法に対する厳しい懲罰、若者のあいだの高い頻度の非行を見つけたし、ミードの主張にとってもっとも重要なことだが、サモア人が処女性に大きな価値を置いていることも見つけた。彼らは処女の検査法さえもっているし、結婚式で乙女の純潔確認の儀式さえするのである。

どうしてミードはそんなにまちがったのだろう。フリーマンは彼女のもともとの情報提供者《インフォーマント》の何人かを追跡することができ、情報を得た。そのとき八十六歳になっていた一人の女性は、彼女たちが夜中に男の子と出かけると言ったとき、それが「単なるジョーク」にすぎないことにミードは気がつかなかったという。もう一人の情報提供者は、彼女たちは楽しむためにお話を考えだしていたと証言した——そして、何もかもを不安げに書きとめようとしている無知な若い訪問者のために、あなたの性生活についての荒々しく無分別な物語を発明する楽しさをちょっと想像してみてほしい。こういう事例はしばしばあることだが、神話をまず最初につくることに比べて、神話を解体することははるかに多くの時間と骨の折れる作業が必要だ。それはまた多大の勇気をも要する。フリーマンの発見は、ミードをほとんど教祖《グル》のようにしたてあげた人々から嘲りを受け、彼はおそれおおくもミードが完全にまちがっていたとまでほのめかしたとして、誹《そし》られたのである。

現代の進化心理学の助けを借りて振り返ると、どのようにして、そしてなぜ、もとの理論が完全にまちがってしまったかを理解することができる。コスミデスとトゥービーがそれをしりぞけたのは正しかった。しかしながら、彼らの進化心理学的な見方も逆方向に行きすぎているように私には思える。彼らは本当の文化の進化のための余地を残さなかったのである。彼らに関するかぎり、「人間の心、人間の行動、人間による工作物、人間の文化はどれもすべて生物学的な現象である」(Tooby and Cosmides 1992, p.21)。言い換えれば、観念の世界、技術や玩具、哲学や科学はどれもすべて、生物学の——遺伝子の自然淘汰による進化の——産物として説明されるべきものである。

私は社会生物学と進化心理学の重要性を過小評価したいとは思っていない。次章で私は、人間の性的特性を説明することにおける彼らの偉大な成功のいくつかを考察する予定である。しかし彼らは事態の一面しか見ていない。確かに、私たちの行動の多くは、それが依拠する遺伝子を効率的に増殖させるがゆえに自然淘汰によって選ばれてきた。しかし、行動はミーム淘汰によっても駆動されており、それが依拠するミームを効率的に増殖させるがゆえに淘汰を通じて選ばれてきたのである。

私は次のような見方をとりたい。私たちの体、脳、および行動の進化とデザインを駆動している二つの自己複製子が存在する。私たちの生活のいくつかの側面については、遺伝子が駆動の大部分を担っており、ミームの役割を無視しても問題がない。こうした場合においては、社会生物学および進化心理学の遺伝子を基礎とするアプローチがすぐれた近似法であるが（ただし、まだ一つの近似法にすぎない）、その他の場合には、両方の自己複製子を考察することによってのみ、完全な全体像を理解することができる。これから、そういった他のいくつかの事例に眼を転じることにしよう。

ミーム的駆動とデネットの塔

私がすでに示した二つの実例は、人間の行動を理解するための基礎である。それは巨大な脳と言語の進化である。私は両方ともがミーム的駆動に依拠していると論じてきたが、ここでは、この仮定をさらに詳しく説明し、しかるべき文脈のなかに置いてみたいと思う。もっとも重要なステップは、ミーム的駆動がいかにして、そしてなぜ、遺伝子の働きのもとでの単なる今一つの形の進化ではないかを示すことである。これが事実でない限り、ミーム学はなお社会生物学に還元されてしまいかねないのである。

ミーム的駆動は次のようにして働く。ひとたび模倣が生まれると、三つの新しい過程がはじまることができる。一つめがミーム淘汰（すなわちあるミームが他のミームの犠牲のもとに生き残ること）。二つめが新しいミームを模倣する能力の遺伝的淘汰（最良の模倣者をもっともよく模倣できるものが、より大きな繁殖成功度をもつ）。三つめが最良の模倣者とつれあいになることの遺伝的淘汰である。最初のステップは、新しい思想や行動が、道具や壺づくりから踊りや話ことばまで、模倣によって拡がりはじめることを意味する。二つめのステップは、新しいミームをいちばんうまく取り入れることのできる人間が、これまた新しいミームを取り入れることのできるより多くの子供をもつことを意味する。そして、誰もがますます成功するミームを模倣するようになる。三つめのステップは、つれあいの選択も、その時点で流行しているミームによって駆動されていることを意味する。一緒になって作動するこうした過程がもたらす帰結は、ミーム的進化のたどる方向が遺伝的淘汰のたどる方向に影響を与えるということである。これがミーム的駆動である。

ミーム的駆動は一見したところ、あたかもボールドウィン効果として知られているものと同じであるかのように見えるが、そうではない。私はそのことを説明しなければならない。

ボールドウィン効果は心理学者ジェームズ・ボールドウィンによって最初に記述されたもので、彼はそれを「進化における新しい要因」と呼んだ（Baldwin 1896）。それは、知的行動、模倣および学習がいかにして遺伝子への淘汰圧に影響を与えうるかを説明する。すでに見たように、学習の成果を遺伝子を通じて次の世代に伝えわたすという意味でのラマルク主義的な「獲得形質の遺伝」は存在しない。けれども、行動は実際に自然淘汰への影響力をもっている。

たとえば、ハエを食べるサンショウウオに似た動物を想像してほしい。いちばん高いところまで届く個体がもっとも多くのハエを得るとする。さて、そのうちの一匹がジャンプをはじめたと想像して頂きたい。その個体は多くのハエを捕らえ、やがて、まったくジャンプすることができない仲間は飢えはじめる。したがって、よくジャンプできるための、すなわち強力な後肢のための遺伝子は遺伝子プールじゅうに拡がり、まもなく、すべての個体がよりカエルに似てくるだろう。ジャンプは上達し、今や淘汰圧はさらに高く跳び上がれるものを選り好みしていく。行動が、完璧にダーウィン主義的な様式で、淘汰に影響を与えたのだ。

次に、ハエの外観と食べ心地に変異があると想像していただきたい。縞模様のハエは食べられないが、斑模様のハエはすばらしく美味い食べ物だと仮定しよう。斑模様のハエを好むちびガエルは有利な立場にたてるだろうから、視覚系における鋭敏な斑点感知器《ディテクター》のような、斑模様のハエを選り好みするために必要なメカニズムが拡がっていくだろう。けれども、ちびガエルの進化が追いつけるよりも速くハエの模様が変化するということが起こるかもしれない。この場合には、小さなちびガエルにとって、どのハエが食べられるかを学習できることは見返りがあるだろう。学習することのできないいかなるちびガエルも不利な立場におかれ、学習できるという全般的な能力のための遺伝子が拡がるだろう。これがボールドウィン効果である。

ボールドウィン自身が言うように、意識、喜びと痛みの教訓、母親の指示と模倣を含む最高度の知能現象は、ついには人間の意志力と発明という巧妙な成果にまで登りつめる。「こういった事例のすべては高等動物において結びついており、これらのすべてが力を合わせてその動物を生かしている。……この手段によって、そうした先天的または系統発生的な変異は存在しつづけ、それをもっている動物の生涯を通じて、知能的、模倣的、適応的、および機械的な変更を受けるにまかせる。これ以外の先天的な変異はこのように存在しつづけることはない」(Baldwin 1896, p.445、傍点は原文のママ)。現代的な用語で言えば、学習や模倣のための遺伝子は自然淘汰によって選り好みされるだろうということになる。

したがって、ボールドウィンは獲得形質の遺伝を必要とすることなしに、自然淘汰だけで学習能力の進化を説明できると見ていた。ボールドウィン効果は、変化に対して祖先よりもはるかに速やかに適応できる新しい種類の動物を生み出す。しかし、これがこの方向に向かう唯一のステップではない。デネットは「生成と検証の塔」という比喩を用いて説明する。これは想像上の塔で、各階にはよりすぐれ、より抜け目のない動きを見つけることのできる動物がいて、そうした動きをますます速やかかつ効率的に見つけるようになるという（Dennett 1995）。

デネットの塔の一階には「ダーウィン主義的な動物たち」がすんでいる。この動物は自然淘汰によって進化し、その行動のすべては遺伝子によってあらかじめ組み込まれている。誤りは非常に高価につき（成功しない動物は死ななければならない）、ゆっくりと起こる（そのたびに新しい動物がつくられなければならない）。

次の階には「スキナー主義的な動物たち」がすんでいる。この名の由来となったスキナーははっきりと、オペラント条件づけ（試行錯誤による学習）を一種のダーウィン主義的な淘汰であるとみなしていた（Skinner 1953）。スキナー主義的な動物は学習することができる。したがって、除去されるのは彼らの体よりもむしろ行動の方である。もし彼らのした何かの行為が報酬を受ければ、それをもう一度することができるが、受けなければしない。これはずっと速い。なぜなら一頭の動物は一生のあいだに、とてもたくさんの異なった行動を試みることができるからである。

三階には、「ポパー主義者の動物たち」がいる。彼らは頭のなかで結果を想像し、それについて考えることで問題を解決することができるから、さらに速く行動を進化させることができる。この呼び名のもとになったカール・ポパー卿はかつて、結果を想像できるこの能力を「仮説が私たちの身代わりになって死ぬことを許す」と説明したことがある（Dennett 1995, p.375）。多くの哺乳類と鳥類はこの三階まで達している。

最後の四階には、「グレゴリー主義者の動物たち」がいる。これはイギリスの心理学者リチャード・グレゴリーにちなむもので（Gregory 1981）、彼は初めて、文化的な人工物はそもそもまずそれをつくるのに知能が必要なだけでなく、その所有者の知能をも高めることを指摘した。ハサミをもつ人はもたない人より多くのことができる。ペンをもつ人はもたない人よりも知能を見せびらかすことができる。言い換えれば、ミームは知能昂進剤である。そうしたミームのなかにデネットが「心の道具」と呼ぶものがあり、もっとも重要な心の道具は言語である。ほかの人々がつくった道具に満ちあふれた環境と豊かで表現力に富んだ言語を身にまとって、グレゴリー主義者の動物たちは、すぐれた手段を見つけ、もたない動物よりもはるかに速く新しい行動を進化させることができる。私たちの知る限り、人類だけが、この「生成と検証の塔」の最上階にいる。

ボールドウィン効果の重要性は今や明らかになったはずだ。ボールドウィン効果は、動物を一階から二階へもちあげるエレベーターのようなものだ。もし進化が必要なうまいトリックにたまたま行き当たり、その出費が高すぎなければ、それをもつ動物は生き残る可能性が大きくなるだろう。各ステップにおいて、彼らはすんでいる環境を、学習が、あるいはその他なんでもいいが、うまくできることがますます重要になるように変えていく。そして各ステップで、学習にすぐれた動物が、遺伝的に有利な立場にたつ。ボールドウィン効果は通常、学習（二階への昇段）という文脈においてのみ論じられるのではあるが、想像力の進化（三階への到達）や模倣の進化（四階への到達）にも同じように適用することができる。実際に、ボールドウィン自身は、動物の生存を助けるであろう能力のリストに模倣をはっきりと含めているのである。

しかし、これらはすべて遺伝子の働きである。なぜなら、学習された行動や問題を想像することで見つけた解決策は、生存と繁殖を助けるものだからである。ボールドウィン効果は本質的には、遺伝子の生存と複製という利益のために作用するダーウィン主義的進化の一形態である。いくつかの共進化の理論はボールドウィン効果を使っているが（たとえば、ディーコンの理論など）、ここで私が提唱している遺伝子とミームの共進化は、ミーム的駆動というさらなる過程を付け加える。

要点は、最上階に到達したときあらゆることが変わるということである。それも劇的に変わる。それは模倣が第二の自己複製子を生み出すからである。それ以前のステップはどれ一つとして、第二の自己複製子を生み出さなかった——少なくとも、個体の範囲を超えて作用するものではなかった。たとえば、スキナー流の学習やポパー流の問題解決は淘汰的な過程と見ることもできるが、すべては動物の頭の内部でのみ進行している。選別された行動パターンや結果についての仮説を自己複製子と見ることができるかもしれないが、模倣によってコピーされミームとならないかぎり、それが世界に解き放たれることはない。

四階に到達するということは、動物から動物へと拡がる自己複製子が解き放たれ、それが自らの予定計画表を設定することを意味する。もちろん、遺伝子は先の見通しをもっていない。模倣を生む淘汰が第二の自己複製子を解き放つことなど知ることはできなかったが、それが遺伝子のしたことだった。そして、私たちは遺伝子とミームの共進化の位相に入ったのである。この種の共進化においては、遺伝子を拡めるかどうかにかかわりなく、ミームを拡めることに役立つような事態が生じる——イヌが引き紐から解き放たれ、奴隷がかつての持ち主に反乱を起こしたのだ。その点が、この理論をこれまでの先行理論と異ならせ、それまでのものに代わる予測を提供するのである。私は、ますますよくミームを拡めるような装置をつくるようにミームが遺伝子に強いた実例が人間の脳ではないかと述べた。脳は、生物学的な有利さだけに基づいて予測されるよりもはるかに速く、はるかに大きな出費のもとに、大きくなることを強いられた。そして、それが［他の動物との］いかなる脳化の比較においても、人間の脳がそれほど際だって目立つ理由である。生物学的な有利さのみに基づく理論は、なぜ遺伝子がエネルギー消費と出産時の危険という点であれほどの高価な出費を強いられなければならなかったかを説明することができない（第六章を参照）。ミーム的な有利さに基づく理論はそれを説明することができる。

それでもなお、単なる脳の大きさという点からなら、結果はボールドウィン効果に基づく議論とそれほど大きく違わないではないかと主張する人がいるかもしれない。けれども、単なる大きさではなく、脳が進化していく特別な方向という点では、理論間の大きな違いがでてくる。もしミームが自己複製子の力をもっているとするならば、何らかの特別な遺伝的目的のためにデザインされた脳よりもむしろ、ミームを複製するのに特別に適した脳をつくるよう遺伝子を駆動するべきであろう。私たちは、実際の人間の脳がピッタリその通りであるかどうかを見るために、新しい自己複製子に必要なものに基づいて、いくつかの予測を引き出すことができなければならない。これはまさに、言語の進化の議論において私がやろうと試みたことである。私たちのもっている脳は、高い忠実度、多産性、寿命をもったミームを拡めるためにデザインされた脳なのである。

巨大な脳は遺伝子にとっても途方もなく大きな成功であることがわかり、人類はこの地球のほぼすべての地域に定着した。しかし、そうであることが必要だったのだろうか？　もしミームが遺伝子にますます大きな脳をつくるようにしむけ、あまりにも高すぎる出費を絞り出させることで、実際に遺伝子を絶滅に追い込むということはありえなかったのだろうか？　私たちにはわからない――もっとも、私たちが生き残っている唯一のヒト科動物だというのは奇妙な事実であるが。ほかのヒト科動物がこうして絶滅したということはありえたのだろうか？　不運なネアンデルタール人は結局のところ、現生人類よりもいくぶんかは大きな脳をもっていたのだ。たしかにこれは乱暴な推理であるが、もっと深刻な問題点は、この理論によれば、巨大な脳、知能およびそれに付随するあらゆるものが、遺伝子にとって当然ながら必然的にいいことだと考える必要がないということである。私たちは、「ただ一つの種においてしか真に際だっていない文化というものの、どこがそんなに具合が悪いのだろうか？」と問うリチャーソンとボイド（Richerson and Boyd 1992, p.70）に追随することもできる。

おそらく遺伝子は、必死になって辛うじてこの重荷を担い、やがて反撃に出て、二つの自己複製子のあいだに共生的な関係をなんとか維持できるような種をつくりだしたのであろう。知的で、ミームを用いる種が進化したとき、それが必然的に未来に長い命をもつと考えるべきではないのかもしれない。

（以下は下巻）

ミーム・マシーンとしての私(上)

訳者との申し合わせにより検印廃止

2000年7月18日　第1刷発行

著　者　スーザン・ブラックモア
訳　者　垂 水 雄 二
装丁者　前田英造(坂川事務所)
発行者　加 瀬 昌 男
発行所　株式会社 草 思 社
〒151-0051　東京都渋谷区千駄ヶ谷2-33-8
電　話　営業 03(3470)6565　編集 03(3470)6566
振　替　00170-9-23552

印　刷　錦明印刷株式会社
製　本　大口製本印刷株式会社

ISBN4-7942-0985-1
Printed in Japan